Astralreisen für Anfänger

Beschreibungen, Anleitungen, Geschichte und Einordnung

Kontakt: www.HarryEilenstein.de / Harry.Eilenstein@web.de

Herstellung und Verlag: Books on Demand, Norderstedt
ISBN: 9783751957076

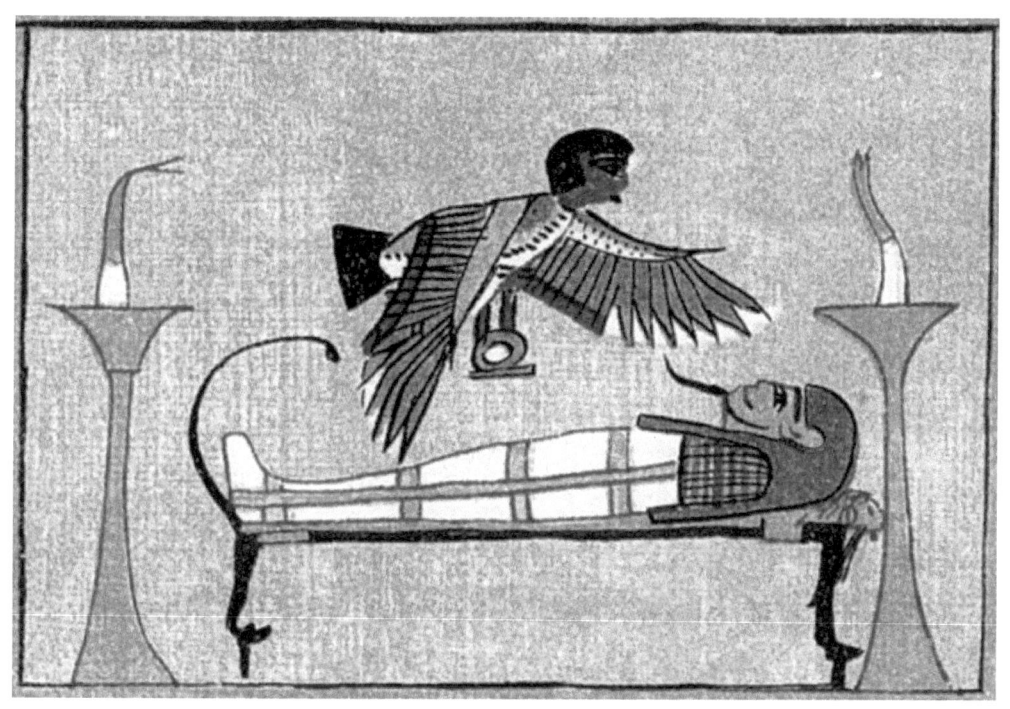

die aufgebahrte Leiche des Ani
mit seinem über ihm schwebenden Astralkörper („Ba" = Seelenvogel)
links und rechts je ein Räucherwerk-Ständer

Papyrus des Ani, Ägypten, 1240 v.Chr.

Inhaltsverzeichnis

I Was ist eine Astralreise?

I 1. Die Astralreise

Die Astralreise ist eines der zentralen Erlebnisse in der Magie und der Religion. Es fällt so sehr aus dem Rahmen des Gewohnten heraus, daß man es zwar beschreiben kann, aber es im Grunde nicht durch Worte erfassen kann, sondern es selber erleben muß.

Die Astralreise ist letztlich etwas sehr Schlichtes: Man befindet sich mit seinem Bewußtsein und mit seiner Wahrnehmungsfähigkeit außerhalb des eigenen physischen Körpers.

Man ist so sehr gewohnt, daß sich das Bewußtsein im Körper befindet und daß die Wahrnehmungsfähigkeit an die physischen Sinnesorgane gebunden ist, daß eine solche Astralreise schwer vorstellbar ist, wenn man sie nicht schon einmal erlebt hat.

Auf einer Astralreise sieht man den eigenen Körper von außen her – z.B. 2m unter sich liegend, während man selber über ihm schwebt. Man kann sich auch mit seinem Bewußtsein und seiner Wahrnehmungsfähigkeit von seinem physischen Körper fortbewegen. Man kann jeden beliebigen Ort aufsuchen und dort alles betrachten und hören – ohne den eigenen physischen Körper mitzunehmen.

I 2. Abgrenzung zu anderen Begriffen

Es gibt eine Menge ähnlicher Begriffe, wie „Astralreise", die z.T. andere Bedeutungen haben, und auch einige Phänomene, die eng mit der Astralreise verwandt sind. Diese Phänomene und Begriffe kann man wie folgt voneinander abgrenzen:

Astralkörper: Dieser Begriff stammt von dem Arzt Paracelsus und bedeutet wörtlich „Sternenkörper", womit „von den Sternen stammender Körper" gemeint ist, d.h. „der aus dem Himmel stammende Körper". „Astralkörper" bezeichnet also die Seele, die bei der Geburt aus dem Jenseits ins Diesseits kommt und beim Tod in das Jenseits zurückkehrt. Begriffe wie „Sternenkörper" gibt es auch schon bei den Ägyptern und in anderen frühen Kulturen – sie beziehen sich darauf, daß man die Sterne am Nachthimmel für die Seelen der Toten gehalten hat.

Ekstase: Dieser Begriff bedeutet „Hinausgehen", womit ursprünglich das Verlassen des physischen Körpers mit dem Astralkörper gemeint gewesen ist. Heute wird dieser Begriff meistens im Sinne von „veränderter Bewußtseinszustand durch Einsgerichtetheit" verwendet.

Jenseitsreise: Die Seelen (Astralkörper) der Toten befinden sich im Jenseits. Folglich kann man auch jeden Kontakt mit den Seelen der Ahnen als Jenseitsreise auffassen. Ob es sich dabei jedoch tatsächlich um eine Astralreise handelt oder einfach um einen telepathischen Kontakt zu den Ahnen wie z.B. bei den systemischen Familienaufstellungen, muß man im Einzelfall überprüfen.

Trance: Dieses Wort hat wie die heute weit verbreitete Vorsilbe „trans-" die Bedeutung „hinüber". Mit der Trance ist ursprünglich eine Astralreise gemeint, also ein Hinübergehen in einen anderen Bereich, womit das Jenseits gemeint ist. Dieser Begriff wird heutzutage jedoch recht ungenau für viele verschiedene „ungewöhnliche" Bewußtseinszustände verwendet.

Exomatose: Dies ist ein Begriff, den der zypriotische Heiler und Magier Daskalos geprägt hat. Er bedeutet in etwa „Hinausgehen" und ist mit „Astralreise" identisch.

„out of body"-Erlebnis: Dies ist eine in der englischen Literatur weitverbreitete Bezeichnung für das Astralreise-Erlebnis. Das Praktische an diesem Begriff ist, daß er das Erlebnis selber sehr direkt beschreibt: „out of body" = „außerhalb des Körpers". Dieser Begriff ist also eine Variante zu „Trance" und „Ekstase".

Dissoziation: In der Psychologie geht man im Allgemeinen davon aus, daß Astralreisen keine reale Grundlage haben, sondern eine Form der Halluzination sind – was jedoch nicht die Wahrnehmungsmöglichkeiten während der Astralreise erklärt. Der Begriff selber bedeutet „Abtrennung", womit jedoch keine Astralreise gemeint ist, sondern eben nur die Abtrennung eines Teiles der Psyche, eine Spaltung der Psyche, eine krankhafte Distanzierung zum eigenen Körper u.ä.

Ätherische Reise: Man findet in manchen Texten (insbesondere bei den Rosenkreuzern, Freimaurern, Theosophen und Antroposophen) ein komplexes System, das verschiedene Aspekte des nicht-physischen Körpers beschreibt, mit dem man den eigenen physischen Leib verlassen kann. In diesen Texten ist der Astralkörper in der Regel mit den Gefühlen, der Ätherkörper mit der Lebenskraft und der Mentalkörper mit dem Denken verbunden. Entsprechend gibt es in diesen Texten eine Astralreise, eine Ätherreise, eine Mentalreise usw. – je nach dem, mit welchem Teil des nicht-physischen Körpers man den physischen Leib verläßt.

Flugtraum: Das Erlebnis des Fliegens in nächtlichen Träumen geht meistens darauf zurück, daß man beim Schlaf mit dem Astralkörper den physischen Körper ein Stück weit verläßt. Das geschieht natürlich unbewußt, da man schläft.

Traumreise: Die Traumreise ist keine Astralreise, sondern ein „bewußter Traum". In diesem Zustand sind das Wachbewußtsein und das Unterbewußtsein (Traumbewußtsein) miteinander koordiniert – man kann also bewußt träumen. Da die Telepathie das Wahrnehmungsform des Unterbewußtseins ist, kann man auf einer Traumreise sehr viel einfacher telepathisch wahrnehmen als im normalen Wachzustand.

Schamanische Reise: Ursprünglich ist eine schamanische Reise eine Astralreise gewesen – man wird dadurch zum Schamanen, daß man eine Astralreise erlebt. Dieser Begriff wird jedoch mittlerweile vor allem für „Traumreise, bei der ein gleichmäßiger Rhythmus getrommelt wird" verwendet. Dieses monotone Trommeln ist eine von den Schamanen gut bekannte Konzentrationshilfe.

Phantasiereise: Dieser Begriff ist mit „Traumreise" identisch. Er suggeriert allerdings, daß die Erlebnisse bei einer solchen Reise der Phantasie entspringen und daher nicht ernst genommen werden sollten ...

Tagtraum: Bei einem Tagtraum gerät man in der Regel ungewollt vom Wachbewußtsein aus in einen „bewußten Traum", also auf eine Traumreise. Dabei findet keine Astralreise statt.

Telepathie: Diese Form der Wahrnehmung ist immer möglich – sie ist von dem augenblicklichen Aufenthaltsort des Astralkörpers (im physischen Leib oder außerhalb) unabhängig. Erfolgreiche Telepathie ist also kein Nachweis für eine Astralreise.

Mentalreise: Bei einer solchen Reise geht man lediglich in Gedanken an einen anderen Ort. Wenn man sich tatsächlich auf die eigenen Gedanken beschränkt, hat man auch nur die eigene Logik zur Verfügung, aber keine direkte, telepathische Wahrnehmung. Wenn man innerlich Bilder zu sehen beginnt, ist es mehr geworden als nur eine Mentalreise – eben eine Traumreise ...

Lebenskraftkörper: Dieser Begriff ist eine Alternative zu „Ätherkörper" und „Astralkörper" und bezieht sich darauf, daß die Substanz dessen, was bei der Astralreise den physischen Körper verläßt, als „Lebenskraft" bezeichnet wird. Für diese Lebenskraft gibt es eine große Anzahl an traditionellen Begriffen wie z.B. das ägyptische Ankh, das germanische Od oder das indische Prana.

Hellsehen: Im engeren Sinne ist „Hellsehen" die Wahrnehmung der Lebenskraft oder eines vollständigen Astralkörpers (der aus Lebenskraft besteht) als ein milchigweiß leuchtendes Schemen mit einem leichten Blauschimmer.

Gespenst: Ein Gespenst ist der hellsichtig wahrgenommene Astralkörper eines Toten – in der Regel als ein weißliches Schemen. Diese Art der Wahrnehmung des Astralkörpers ist der Ursprung des Motivs der „Bettlaken-Gespenster".

Silberschnur: Dies ist eine hellsichtig wahrgenommene Verbindung zwischen dem Astralkörper eines Menschen und seinem physischen Leib, die von Sonnengeflecht zu Sonnengeflecht führt. Eine solche Silberschnur kann man manchmal auch zwischen Beziehungspartnern oder zwischen Mutter und Kind wahrnehmen. Sie sind u.a. sozusagen „Telepathie-Kabel"; auch Abhängigkeiten und Lebenskraft-Vampirismus läuft über diese Verbindungen. Diese Silberschnur wird allerdings nicht bei jeder Astralreise wahrgenommen. Dieser Begriff ist eine Übersetzung des englischen „silver cord".

I 3.   Die sinnvolle Begriffsbildung

Wenn man möchte, daß die Begriffe, die man verwendet, gut geerdet sind und man genau weiß, wovon man spricht, ist es empfehlenswert, zunächst einmal nach Erlebnissen zu suchen. Wenn sich dann bestimmte Erlebnisse oder bestimmte Aspekte in diesen Erlebnissen wiederholen, kann man diesen Erlebnissen oder Aspekten einen Namen geben. Dabei ist es natürlich sinnvoll, bereits existierende Begriffe für diese

Phänomene zu verwenden, wenn deutlich erkennbar ist, daß sie das gemeinte Phänomen bezeichnen.

Wenn man hingegen von Konzepten ausgeht und versucht, sie mit Inhalten zu füllen, also sie gedanklich nachzuvollziehen oder dazu passende Erlebnisse zu finden, besteht die Gefahr von mehr oder weniger leeren Begriffen, bei denen man eigentlich nicht genau weiß, was mit ihnen gemeint ist bzw. ob sie tatsächlich etwas real Vorhandenes bezeichnen.

Man kann natürlich solche Konzepte lesen und betrachten und dann schauen, ob sie einen zu einem Experiment inspirieren. Eine gute Versuchs-Anleitung ist ausgesprochen viel wert, da sie einen zu einem Erlebnis bringt – und die eigenen Erlebnisse sollten die Grundlage der eigenen Weltanschauung sein.

Auch mit dem Begriff „Astralreise" sollte man auf die hier empfohlene Weise vorsichtig umgehen. Wenn man schon einmal ein Verlassen des eigenen Körpers erlebt hat, kennt man etwas, das man mit diesem Wort benennen kann – dann weiß man, was man mit dem Wort „Astralreise" bezeichnet. Wenn man so etwas noch nicht erlebt hat, findet man vielleicht in Büchern zu diesem Thema eine Anleitung, die einem ein solches Erlebnis ermöglicht – dann ist das Buch nützlich gewesen.

Wenn sich dann im Laufe der Zeit mit zunehmenden Erfahrungen mit Astralreisen herausstellen sollte, daß man dabei verschiedene klar unterscheidbare Phänomene beobachten kann, ist es sinnvoll, diese verschiedenen Phänomene auch mit verschiedenen Begriffen zu bezeichnen.

Mit diesem Verfahren bleibt man auch bei Astralreise-Erlebnissen mit beiden Füßen fest auf dem Boden ...

I 4.   Das Erlebnis der Astralreise

Wie bei den meisten Dingen gibt es hier verschiedene Varianten. Allen Astralreisen ist jedoch das Verlassen des eigenen physischen Körpers gemeinsam.

Manche Menschen erleben sich dabei in einer Art Zweitkörper aus einem fahl leuchtenden, nebligen und milchigweißen Licht, das einen leichten Blauschimmer hat – andere erleben sich als einen in der Luft schwebenden Bewußtseinspunkt. Die Wahrnehmung des eigenen Astralkörpers als eines Gespenster-artigen, aus Lebenskraft bestehenden Zweitkörpers tritt also nicht notwendigerweise auf.

Primär wird auf einer Astralreise der Sehsinn benutzt (80% der Wahrnehmungen des Menschen sind optischer Natur), aber manchmal kommen auch der Hörsinn und der Tastsinn hinzu. Der Geruchssinn, der Geschmackssinn oder die Temperaturempfindungen spielen nur selten eine Rolle.

Ein weiteres Phänomen, über das sehr häufig berichtet wird, ist die veränderte optische Wahrnehmung. So ist man auf einer Astralreise z.B. nicht mehr auf Licht angewiesen, um etwas sehen zu können – die eigene Lebenskraft nimmt die Lebenskraft in anderen Dingen war und übersetzt das dann in optische Bilder. Diese Bilder haben oft etwas Unscharfes, sind meist grau ohne Farben und haben etwas Weiches. Das wirkt so, als ob jeder Raum von einem schwachen, diffusen Licht erfüllt wäre, das es ermöglicht, die Dinge in diesem Raum zu erkennen. Diese Art der Wahrnehmung tritt manchmal auch auf Traumreisen auf.

Wenn man träumt, daß man durch eine Höhle kriecht oder in finsterer Nacht durch einen Wald wandert, sieht man manchmal im Traum diese Art von „Lebenskraft-Bildern".

Man kann diese Form der Wahrnehmung auch in dunklen Räumen, in tiefen Höhlen oder in einer mondlosen Nacht im Wald benutzen – diese Form der telepathischen Wahrnehmung kann nicht nur auf der Astralreise aktiviert werden.

Die vermutlich bekannteste Darstellung dieser Form der Wahrnehmung findet sich in dem Film „Der Herr der Ringe": Wenn Frodo den „Einen Ring" anzieht, sieht er nicht mehr die phyische Welt, sondern die Welt der Lebenskraft. Dort kann er dann u.a. die neun Ringgeister deutlich wahrnehmen.

Dieser Ring ist also ein Astralreise-Ring, weshalb er seinen Träger auch unsichtbar macht – schließlich ist der Astralkörper für die physischen Augen unsichtbar.

Ursprunglich ist dieser Ring ein Symbol für die Jenseitsreise gewesen – er gehörte bei den Germanen dem Elfenkönig Alberich, der der Sonnengott-Göttervater Tyr in der nächtlichen Unterwelt als Totengott gewesen ist.

II Wo treten Astralreisen auf?

Als nächstes stellt sich die Frage, wo Astralreisen vorkommen, durch was sie ausgelöst werden können, wie man sie gezielt hervorrufen kann usw. Hier zeigt sich eine recht große Vielfalt, was bei einem so grundlegenden Erlebnis, das sich auf das Verhältnis zwischen dem Bewußtsein und dem physischen Leib bezieht, ja auch zu erwarten ist – schließlich sollten sich Strukturen, die sich nahe an den Wurzeln unseres Wesens befinden, auch in vielen Alltags-Erlebnissen wiederfinden.

II 1. Die spontane Astralreise

Die spontane Astralreise ist ungeplant, ungewollt und in machen Fällen auch unbewußt. Sie kommt recht häufig vor.

II 1. a) Schlaf

Im Schlaf löst sich der Astralkörper ein Stück weit von dem physischen Körper, was man dann als Flugtraum erleben kann.

Es gibt auch die Möglichkeit, im Traum zu erwachen und trotzdem weiterzuträumen – das ist dann eine ungeplante Traumreise. Aus diesem Zustand heraus kann man von der Wahrnehmung der inneren Bilder auf die Wahrnehmung der äußeren Bilder umschalten und mit weiterhin geschlossenen Augen die eigene Umgebung wahrnehmen. Von dort aus ist es nur noch ein kleiner Schritt bis zu einer Astralreise, also bis zu dem Verlassen des eigenen Körpers.

Die Reglosigkeit der Schlafenden ist ein Aspekt der Astralreise: der Kapitän hat das Schiff vorübergehend verlassen.

II 1. b) Ohnmacht

Man kann eine Ohnmacht als einen „Spontan-Schlaf" auffassen. Auch bei der Ohnmacht hat der Astralkörper den physischen Körper verlassen, wobei wie beim Schlaf das Wachbewußtsein abgeschaltet wird.

Die Ohnmacht hat zwei Arten von Ursachen. Die erste Ursachen-Art ist eine körperliche Beeinträchtigung wie ein starker Schlag auf den Kopf oder ein größerer Blutverlust; die zweite Ursachen-Art ist eine Überlastung der Verarbeitungs-Kapazität des Wachbewußtseins durch einen Schock, eine große Angst o.ä. – wenn das Wachbewußtsein überlastet ist, schaltet es sich ab ... Input-Overkill ...

Bei Ohnmachten gibt es auch in einer weiteren Hinsicht zwei Möglichkeiten. Bei der ersten Form endet das Wachbewußtsein und die Erinnerungsfähigkeit vollständig bei dem Beginn der Ohnmacht und kehrt erst nach dem Ende der Ohnmacht zurück – dann wird meistens die klassische Frage „Wo bin ich?" gestellt. Bei der zweiten Form bleibt man weitgehend bewußt und erlebt z.B. wie der Körper steif wird und man auf einmal sich selber von außen her sehen kann, aber nicht mehr in der Lage ist, den eigenen Körper zu bewegen und zu lenken – bei dem Ende der Ohnmacht kehrt man dann in seinen Körper zurück und ist wieder handlungsfähig.

II 1. c) Anfall

Es gibt bei einigen Krankheiten und körperlichen Störungen sogenannte Anfälle. Eine Anfalls-Variante besteht darin, daß der Leib des Betreffenden plötzlich steif wird und manchmal auch zu zucken beginnt und er, falls der Betreffende zuvor gestanden haben sollte, umfällt.

Auch hier verläßt der Astralkörper den physischen Körper. Daher ist die naheliegende Erste Hilfe bei einem Anfall (neben dem sofortigen Herbeirufen eines Notarztwagens!), das Legen der rechten Hand auf das Sonnengeflecht und der linken Hand auf das Herzchakra. Ersteres ruft den Astralkörper per Silberschnur zurück, zweiteres hilft dem Betreffenden, wieder bewußt zu werden. Diese Erste Hilfe funktioniert vermutlich dann am besten, wenn der Helfer schon etwas Übung damit hat, die Lebenskraft wahrzunehmen und zu lenken.

Bei einem Anfall hat der Astralkörper aus inneren körperlichen oder psychischen Gründen plötzlich den physischen Körper verlassen. Man sollte anschließend auf jeden Fall untersuchen lassen, was die Ursache dafür gewesen ist.

II 1. d) Betäubung

Das Ziel einer Betäubung ist es, die Wahrnehmungsfähigkeit eines Menschen teilweise oder vollständig abzuschalten. Da die normale (nicht-telepathische) Wahrnehmungsfähigkeit an das Wachbewußtsein gekoppelt ist, wird bei der vollständigen Abschaltung der Wahrnehmungsfähigkeit auch das Wachbewußtsein abgestellt. Man wird also in einen künstlichen Schlaf versetzt.

Wie beim normalen Schlaf verläßt das Wachbewußtsein auch bei dem künstlichen Schlaf der Betäubung den physischen Körper. So wie man im Schlaf in einen Flugtraum gelangen kann, kann man während einer Betäubung das Wachbewußtsein zurückerlangen – und sich dann als über sich selber schwebend erleben. In einem solchen Fall kann man z.B. den Ärzten dabei zusehen, wie sie dem eigenen Körper, den man von der Zimmerdecke aus betrachtet, den Blinddarm herausoperieren. Bei einem solchen Erwachen aus der Narkose heraus bleibt das Körperempfinden weiterhin abgeschaltet – man befindet sich ja nicht im eigenen Körper ...

Solche OP-Astralreisen sind vor allem früher häufig aufgetreten, als man noch mit Chloroform betäubt hat.

II 1. e)   Nahtod

Wenn man in eine gefährliche und aussichtslose Situation gerät, kann es sein, daß man ohnmächtig wird. Wenn man z.B. unbewaffnet ist und hinter einem eine 100m tiefe Schlucht gähnt und von vorne ein Rudel hungriger Löwen naht, kann es sein, daß die eigene Seele beschließt, daß es keinen Sinn hat, jetzt mitzuerleben, wie man von den Löwen gefressen wird oder in den Abgrund stürzt. Dann verläßt der Kapitän das Schiff und man macht eine Astralreise – auf diese Weise sieht man zwar, wie der eigene Körper von den Löwen gefressen wird, aber man spürt nicht den körperlichen Schmerz.

Solche Schock-induzierten Astralreisen können auch bei Autounfällen, einem Sturz vom Pferd, bei Vergewaltigungen, im Schützengraben und ähnlichen Extrem-Situationen auftreten.

Wenn man das Glück hat, die Gefahrensituation wider Erwarten zu überleben, kehrt der Astralkörper in den physischen Körper zurück und man lebt weiter. Die Erinnerung an eine solche Astralreise nennt man im Allgemeinen „Nahtod-Erlebnis".

Diese „Schock-Ohnmachten" sind auch bei Tieren beobachtet worden – z.B. bei Hühnern, die von einem Habicht angegriffen werden. Die Astralreise (und folglich auch der Astralkörper) sind demzufolge keine rein menschliche Erscheinung, sondern ein wahrscheinlich bei allen Tieren vorhandenes Phänomen.

II 1. f) Kinder-Spiele

Es gibt Kinder, für die die Astralreise etwas völlig Normales ist. Wenn man sich mit ihnen unterhält, erzählen sie z.B., daß sie oft mit ihren Bauklötzchen spielen und sich dabei gleichzeitig oben auf den Schrank setzen und sich selber dabei zuschauen, wie sie unten auf dem Teppich spielen. Diese Version der Astralreise, bei der der Körper weiterhin aktiv und handlungsfähig bleibt, kommt auch bei Erwachsenen vor, aber scheint recht selten zu sein.

Ein ähnliches Phänomen tritt auch bei großem Streß bei Kindern auf – sie sehen sich dann auf einmal von außen her dabei zu, wie sie sich in der Streß-Situation verhalten. Dies wird in der Psychologie meistens „Dissoziation" genannt. In der Regel fällt diese Art von Astralreise den Kindern nicht als etwas Besonderes und somit als etwas Erzählenswertes auf. Meist ist es nötig, sich oft mit den Kindern zu unterhalten, um von ihnen derartige Erlebnisse erzählt zu bekommen.

II 1. g) Erste Meditations-Versuche

Es kommt auch vor, daß jemand mit Atemtechniken aus dem Yoga, mit Meditationen oder mit Ekstase-Methoden experimentiert und dabei plötzlich den eigenen Körper verläßt. In solch einem Fall hat man offensichtlich durch das eigene „wilde Experimentieren" solch einen Aufruhr in der eigenen Lebenskraft erzeugt, daß sich der Astralkörper kurzzeitig von dem eigenen physischen Körper loslöst.

Um einen solchen Effekt zu erzielen, muß man allerdings in den meisten Fällen schon recht wilde Experimente gemacht und die verschiedensten Methoden bunt gemischt haben.

II 1. h) Erster Sex

Auch Sex kann die Wirkung haben, daß die eigene Lebenskraft in Aufruhr gerät – insbesondere die ersten sexuellen Erlebnisse, bei denen es vorkommen kann, daß sich eine sehr große sexuelle Spannung aufbaut, aber nicht entladen kann. In einem solchen Fall ist man u.U. zum einen sehr erschöpft, aber steht zum anderen so sehr „unter Strom", daß man zwar einschläft, aber gleichzeitig wach bleibt – und somit eine wachbewußte Astralreise macht.

II 2.   Die absichtliche Astralreise

Bei der absichtlichen Astralreise weiß man, was man tut – oder versucht zumindestens, eine Astralreise zu erleben. In vielen Fällen geschieht dies, nachdem man bereits eine spontane Astralreise erlebt hat, die einen neugierig darauf gemacht hat, was man mit solchen Astralreisen so alles anstellen kann ...

II 2. a)   Entspannung

Die vermutlich bekannteste Methode ist die tiefe Entspannung, die ja einige Aspekte des Schlafes „imitiert" und daher dem Astralreise-Zustand nahe kommt. Dazu zählen autogenes Training, einige Formen der Buchstabenübungen und manchmal auch das Ruhen nach schwerer Arbeit. Dabei können dann halb-spontan Astralreisen auftreten.

Die genaue Methode wird in einem späteren Kapitel erklärt.

II 2. b)   Imagination

Eine eher selten benutzte Möglichkeit ist die Imagination des Astralkörpers, der über einem selber schwebt. Wenn dieses imaginierte Bild des Astralkörpers deutlich geworden ist, wechselt man mit seinem Bewußtsein in dieses „Bild" hinüber.

Eine zweite Imaginations-Methode besteht darin, daß man sich einen Ort, den man gut kennt, sehr intensiv vorstellt. Möglicherweise gelingt es einem dann, an diesem Ort in seinem Astralkörper präsent zu werden. Auch diese Methode wird nur selten erwähnt und vermutlich auch nur selten benutzt.

II 2. c)   Kristallkugel

Die bekannteste Form der durch eine Imagination hervorgerufenen Astralreise ist das Kristallkugel-Schauen. Die Kristallkugel ist normalerweise ein Konzentrations-Hilfsmittel für eine Traumreise: Statt innerlich Bilder zu sehen, projiziert man diese Bilder auf die Kristallkugel, sodaß diese Bilder zu einer „räumlich scharf abgegrenzten Vision" werden.

Es ist jedoch bekannt, daß die Konzentration auf eine solche Kugel des öfteren auch dazu führt, daß man eine Astralreise erlebt. Vermutlich liegt dies daran, daß man sich so stark auf etwas im Außen, eben die Kristallkugel konzentriert, wodurch dann schließlich auch der eigene Astralkörper nach außen gezogen wird.

II 2. d)   Spiegelmagie

Die Spiegelmagie ist eine Variante des Kristallkugel-Schauens: Man sitzt vor dem Spiegel und blickt auf sein eigenes Spiegelbild. Wenn man sich dann selber zuwinkt und das Spiegelbild nicht zurückwinkt, weiß man, daß man sein eigenes Bewußtsein in sein Spiegelbild übertragen hat und sich somit gerade auf einer Astralreise im Spiegel befindet – das ist ein ziemlich merkwürdiges Erlebnis ...

II 2. e)   Meditation

Manchmal treten manchmal auch in Meditationen Astralreisen auf – insbesondere dann, wenn man als Anfänger verschiedene Methoden mischt oder wenn man durch sehr intensive Atemübungen o.ä. den eigenen Lebenskraftkörper in einen „Ausnahme-zustand" versetzt.

II 2. f)   luzides Träumen

Man kann anstreben, des Nachts in einem Traum zu erwachen. Das kann vier verschiedene Effekte haben:

1. Man erwacht ganz normal.
2. Man erwacht im Traum und befindet sich dann in einer Traumreise.
3. Man erwacht in seinem Astralkörper, der sich während des Schlafes kurz außerhalb des eigenen Körpers befindet und hat dann eine Astralreise erreicht.
4. Man erwacht nur halb, aber hat die Vorstellung, erwacht zu sein, was möglicherweise dann dazu führt, daß man glaubt, etwas im Traum oder auf der Astralreise zu tun, aber man es in Wirklichkeit mit seinem physischen Körper tut – das hat dann ein Schlafwandeln zum Ergebnis ...

II 2. g)   Drogen

Drogen können dazu führen, daß man in einen schlafähnlichen oder todesähnlichen Zustand gerät, was zu einer Loslösung des Astralkörpers führen kann.

Diese Methode ist offensichtlich lebensgefährlich: Wenn die Drogen falsch gemischt oder falsch dosiert sind, kann man sterben – dann hat man zwar eine Astralreise erreicht, aber sie ist endgültig, da man nicht mehr in den eigenen Körper zurückkehren kann.

Trotz dieser Gefahr finden sich Drogen-induzierte Astralreisen in vielen verschiedenen Kulturen.

II 3.   Bilokation

Ein spezieller Effekt bei der Astralreise ist das sichtbare Erscheinen des Astralkörpers für einen Menschen. In den meisten berichteten Fällen wird dieser Astralkörper nur gesehen, manchmal spricht er auch.

Dieser Vorgang wird auch „Bilokation", also „an zwei Orten gleichzeitig sein" genannt, weil die Erscheinung ganz real wirkt.

Man kann sich fragen, was dabei eigentlich geschieht. Wie kann man erkennen, was das ist, was man da sieht? Wenn es nur ein Schemen ist, ist der Vorgang noch als innere Wahrnehmung, die man auf das Außen projiziert hat, erkennbar – das ist dann eine Vision.

Solche Visionen können jedoch auch sehr real werden – wie ja auch ihre krankhafte Form, also die Halluzination, zeigt. Der Mensch, der einem dabei erscheint, wirkt dann völlig real. Wie u.a. die Geschichte des ungläubigen Thomas zeigt, kann sich eine solche Vision/Halluzination auch auf den Hörsinn und auf den Tastsinn erstrecken. In der Regel zweifeln Menschen zwar evtl. mal an dem, was sie gesehen haben, aber Dinge, die sie anfassen können, halten sie für real ... was eine sehr subjektive und unbegründete Einstellung ist.

Warum kann eine Erscheinung so deutlich werden? Es gibt Berichte (z.B. von dem zypriotischen Heiler Daskalos) darüber, daß manche Menschen ihren Astralkörper so intensiv werden lassen können, daß er anderen sichtbar wird. Man sollte allerdings vorsichtshalber nicht jede Vision eines Menschen für einen Astralkörper oder eine physische Bilokation halten – dafür gibt es zu viele weitere Erklärungsmöglichkeiten für eine solche Wahrnehmung bzw. Vision.

II 4. Astralreise und Kundalini

Bei der Entspannungsmethode wechselt man mit seiner Aufmerksamkeit schrittweise von seinem physischen Körper zu seinem Astralkörper. Dasselbe macht man auch, wenn man versucht, die eigene Kundalini zu erwecken. Beide Methoden stimmen in den ersten Zweidritteln des Weges überein, was dazu führt, daß die meisten Menschen, die die erwachte Kundalini kennen, auch die Astralreise kennen – und daß die meisten Menschen, die eine Astralreise hervorrufen können, auch Kundalini-Phänomene kennen.

Die Stufen auf diesen beiden Wegen sehen wie folgt aus:

Astralreise und Kundalini-Erweckung		
Schritte	*Phänomene*	
	Astralreise	*Kundalini-Erwachen*
1. Schritt	Entspannen des Körpers	
2. Schritt	Schwere des Körpers	
3. Schritt	Wärme des Körpers	
4. Schritt	Vibrieren des Körpers	
5. Schritt	Schwanken des Körpers	kreisende Hitze im Wurzelchakra
6. Schritt	Astralreise	Aufsteigen der Kundalini

Bei der Astralreise wird das Vibrieren zu einer Bewegung des Astralkörpers als Ganzes gesteigert – eben zu dem Verlassen des physischen Körpers mit dem Astralkörper.

Beim Erwecken der Kundalini wird das Vibrieren hingegen zu einer inneren Bewegung gesteigert – zu dem Aufsteigen der Kundalini.

II 5. Astralreise und Chakren

Der Astralkörper besteht aus der Lebenskraft eines Menschen. Die Chakren sind die Strukturen in der Lebenskraft, d.h. die „Organe" des Astralkörpers.

Das Erlebnis einer Astralreise führt zwar nicht notwendigerweise dazu, daß man auch seine Chakren wahrnehmen kann, aber hin und wieder kommt eine solche Wahrnehmung vor.

Bei dem Erwachen der Kundalini ist das Erleben der Chakren deutlich wahrscheinlicher, da die Kundalini durch die einzelnen Chakren nach oben hin aufsteigt.

II 6. Astralreisen und Trauma

Astralreisen treten u.a. bei Nahtod-Erlebnissen auf. Da Traumas bei Nahtod-Erlebnissen oder ähnlich heftigen Erlebnissen entstehen, gibt es auch eine Verbindung zwischen der Astralreise und dem Trauma. Natürlich bedeutet dies keineswegs, daß Astralreisen Traumas entstehen lassen.

Der Vorgang einer Trauma-Bildung läuft wie folgt ab:

1. In einer Gefahren-Situation wird das gesamte System auf maximale Handlungsbereitschaft „hochgefahren": es wird jede Menge Adrenalin ausgeschüttet.

2. Je nach Einschätzung der Gefahren-Situation hat der Betreffende nun drei Möglichkeiten:

a) Er kämpft – und siegt oder verliert und stirbt evtl. dabei. Bei einem Sieg löst sich die Anspannung wieder auf; beim Tod ebenfalls, bei einer Niederlage bleibt sie zunächst weiterbestehen – als Todesangst o.ä.

b) Er flieht – was ihm gelingt oder nicht gelingt. Wenn er erfolgreich geflohen ist, löst sich die Spannung auf; wenn er auf der Flucht stirbt, ebenfalls; wenn er eingeholt wird und nicht sofort stirbt, bleibt die Spannung bestehen.

c) Er sieht keine Chance im Kampf und auch nicht in der Flucht. in diesem Fall bleibt die Spannung ebenfalls bestehen.

3. In diesen drei Fällen kann es zu einem Stillstand kommen: beim erfolglosen Kampf, bei der erfolglosen Flucht und beim Aufgeben. In diesen drei Fällen verläßt der Astralkörper und somit auch das Bewußtsein und die Wahrnehmungsfähigkeit den eigenen Körper: eine Astralreise. Das Bewußtsein erachtet es für nicht wünschenswert, das absehbare heftige Leiden des eigenen Körpers mitzuerleben.

4. Wenn es nun zu dem Tod des Betreffenden kommt, ist die Geschichte zu hier Ende ...

Wenn er jedoch überlebt, befindet er sich in der Situation, daß er wegen der überstandenen Lebensgefahr noch immer unter maximaler Spannung steht: Die Spannung ist nicht durch einen erfolgreichen Kampf oder eine erfolgreiche Flucht abgebaut worden – die Spannung und das Adrenalin dienen dazu, die körperliche Leistungsfähigkeit auf ein Maximum zu steigern.

5. Nun gibt es drei Möglichkeiten, was mit dieser Überlebens-Spannung und dem Adrenalin im Körper geschieht:

> a) Der Betreffende beginnt zu zittern, zu heulen, zu schreien oder zu toben und reagiert so die Spannung und das Adrenalin ab und gelangt dadurch wieder in einen Zustand der Normal-Spannung. Dann ist alles in Ordnung.

> b) Der Betreffende wird durch irgendwelche Umstände daran gehindert, seinen Streß aufzulösen, seine Spannung abzubauen, das Adrenalin zu verbrauchen. Dann bleibt der Zustand der „Hochspannung" bestehen und kapselt sich ab und wird verdrängt. Diese abgekapselte Spannung befindet sich dann in der Psyche des Betreffenden und wird zu einer „unter Druck stehenden, rappelnden Dose auf den Regalen des Kellers des Unterbewußtseins" des betreffenden Menschen.
>
> Diese unter Druck stehende Dose, die die Adrenalin-geladene Erinnerung an die Streß-Situation enthält, ist dann ein Trauma, das die Psyche des Betreffenden in eine ständige Unruhe versetzt – insbesondere in Situationen, die der ähneln, in der das Trauma entstanden ist. In solchen Situationen wird das Handeln des Betreffenden dann mehr oder weniger stark von dem Trauma gelenkt – was bis hin zu extrem irrationalen Verhaltensweisen führen kann.

> c) Der Betreffende kann die Spannung zwar auflösen, aber erlebt dieselbe Gefahren-Situation immer wieder aufs Neue. Das kann dazu führen, daß die Spannung schließlich nicht mehr abgebaut werden kann – sie wird vorsorglich für die nächste Gefahren-Situation aufrecht erhalten. Diese Dauer-Hochspannung führt dann ebenfalls zu einem Trauma: Die Spannung kann nicht mehr auf normale Weise aufgelöst werden.

6. Wenn der Betreffende Glück hat, wird sein Trauma erkannt und es wird ihm geholfen, das Traum aufzulösen. Diese Heilung hat in den meisten Fällen drei Schritte:

a) Das Trauma wird bewußt und man betrachtet es. Dies sollte behutsam Stück für Stück geschehen, damit der Betreffende nicht überfordert wird.

b) Das Trauma wird gefühlt. Auch dieser Vorgang sollte allmählich geschehen, damit der Betreffende nicht von den alten Lebensgefahr-Gefühlen überwältigt wird.

c) Man erkennt und fühlt sich selber in der damaligen Situation in dem Alter, das man damals gehabt hat. Dann umarmt man diese jüngere Version von sich selber, die sich noch im Panik-Zustand befindet.

Es gibt auch die Heilungs-Version, in der der Betreffende z.B. durch eine schauspielerische Darstellung der damaligen Situation wieder mitten in die alten Todesangst-Gefühle gerät. Dabei wird dann jemand gebraucht, der in der Lage ist, den Betreffenden so durch diese Panik-geladenen Erinnerungen hindurch zu führen, daß der Betreffende zu einem lebhaft imaginierten und als real empfundenen Erlebnis des Sieges kommt: Er tötet den Bären, er treibt den Vergewaltiger in die Flucht, er gewinnt den Kampf usw.

Die Kenntnis des Entstehens eines Traumas und die Kenntnis der Heilung eines Traumas gehören zwar nicht direkt zu den Grundlagen für das Erlernen der Astralreise, aber es kann unter Umständen hilfreich sein, diese Dynamik zu kennen.

III   Die historische Bedeutung der Astralreisen

Die Bedeutung der Astralreise für die Geschichte der Menschheit kann man kaum zu hoch einschätzen.

Das Erlebnis der Astralreise bei einem Nahtod ist etwas, was den Menschen gezeigt hat, daß es mehr als den Körper gibt. Das war der Ursprung der Religion ...

Das Schweben bei der Astralreise hat dazu geführt, daß der Astralkörper weltweit als Vogel, als Mensch mit Vogelkopf, als Vogel mit Menschenkopf, als Mensch mit Federkleid, als Mensch mit Vogelflügeln (Engel) usw. dargestellt worden ist.

Den Seelenvogel hat man zumindestens ab seit der Entstehung des Homo sapiens, also seit etwa 100.000 Jahren, als Stab mit einem Vogel obenauf dargestellt.

Aus diesen Vogelstäben sind dann in der späten Altsteinzeit, also vor ca. 50.000 Jahren, die Totempfähle entstanden, die im Wesentlichen einen Mensch mit seinem Seelenvogel auf seinen Schultern darstellen. Von den Totempfählen gab es in späterer Zeit viele Varianten. Sie sind bis zu dem Beginn der Jungsteinzeit um 10.000 v.Chr. aus Holz hergestellt worden, danach dann teilweise auch aus Stein. Diese Stein-Varianten haben sich dann zu den Toten-Statuen, den Götter-Statuen, den Menhiren in den Steinkreisen und den Säulen in den Tempeln weiterentwickelt.

Das Erlebnis der Astralreise bei einem Nahtod legte die Vermutung nahe, daß dieser Astralkörper auch noch nach dem Tod weiterexistiert – also nicht nur dann weiter-existiert, wenn der Betreffende die Gefahrensituation doch noch überlebt hat, sondern daß der Astralkörper auch dann weiterexistiert, wenn der Betreffende tatsächlich gestorben ist.

Daraus ergab sich die Frage, wo sich die Seelenvögel der Toten befanden – so entstand der „Ort der Seelen der Toten", also das Jenseits.

Einigen Menschen, die einen Nahtod und somit auch eine Astralreise erlebt hatten, gelang es durch Übung, eine solche Astralreise auch willentlich wiederholen zu können. Sie waren dann „als Seelenvogel" in der Lage, in das Jenseits zu den Seelen der Toten zu reisen und sie um Rat und Hilfe für ihre Nachkommen zu bitten. Diese Menschen waren dann die ersten religiös-magischen Spezialisten: die Schamanen. Das Reisen in das Jenseits, also die Astralreise, war die erste religiöse Handlung – daraus ist dann der Totenkult und noch später der Spiritismus und die systemischen Familienaufstellung geworden.

Durch die Vorstellung, daß die Ankunft der Toten im Jenseits der Ankunft der Lebenden im Diesseits entspricht, entstanden die drei Motive der Wiederzeugung, der Wiedergeburt und des Wiederstillens, die die zentralen Elemente der ganzen altem Mythologien sind.

Aus diesen drei Motiven ergab sich das Motiv der zweifachen Göttin: die Mutter der Lebenden und die Mutter der Toten. Es gibt seit mindestens 32.000 Jahren

Darstellungen der zweifachen Muttergöttin, die zwei Leiber oder zwei Oberkörper oder zwei Köpfe usw. hat oder die mit dem linken Arm nach oben und mit dem rechten Arm nach unten, also ins Diesseits und ins Jenseits weist.

Die Seelenvögel haben sich zu den Vogelgöttern, zu den Engeln, zu den geflügelten Götterboten, zu den Vögeln als Reittieren der Götter und vieles mehr weiterentwickelt.

Sie haben sich auch mit der Schlange als Totengeist in der Erde zu einem geflügelten Drachen oder einer Federschlange (Quetzalcoatl) verbunden, mit dem Löwen als Krafttier des Schamanen zu dem geflügelten Löwen (Sphinx), mit dem Stier als Symbol der Zeugungskraft der (männlichen) Toten bei ihrer Wiederzeugung zu einem geflügelten Stier usw.

Die Astralreise hat als Erlebnis von etwas nicht-Physischem die Religion und die Magie als Ganze begründet und der Astralkörper hat in dem Symbol des Seelenvogels die gesamte Mythologie geprägt.

IV Methoden

Die zentrale Frage ist natürlich, wie man kann eine Astralreise willentlich hervorrufen kann, sodaß man sie erleben kann.

Das Hoffen auf ein Nahtod-Erlebnis wäre als Forschungs-Methode ein bißchen riskant, da man nicht weiß, ob man einen Nahtod auch tatsächlich überlebt und ob er nicht zu einen endgültigen Tod wird – dann wüßte man zwar, daß es den Astralkörper gibt, aber man könnte dieses Wissen nicht mehr im Diesseits nutzen ....

IV 1. vom Wachbewußtsein ausgehend

Die Astralreise kann von zwei Bewußtseinszuständen ausgehen: vom Wachbewußtsein, daß ja beteiligt sein muß, wenn man die Astralreise bewußt erleben will, und vom Traumbewußtsein, da man sich im Schlaf (Traumbewußtsein) bereits auf einer Astralreise befindet.

Das Wachbewußtsein als Ausgangspunkt hat den Vorteil, daß man das, was man tut, bewußt lenken kann.

IV 1. a) Entspannung

Die Tiefenentspannung ist die einfachste und schlichteste Methode. Man legt sich hin und entspannt sich – evtl. hilft es, dabei eine dazu passende Musik zu hören. Dafür ist z.B. „GTA5" von Tangerine Dream sehr gut geeignet – man sollte damit experimentieren, um herauszufinden, was für einen selber am besten geeignet ist: Stille oder Musik – und wenn Musik, dann welche.

Man kann dann von den Füßen zum Kopf hin alle Körperteile durchgehen und sie bewußt entspannen.

Als nächstes stellt man sich wieder in derselben Folge vor, daß alle Körperteile schwer werden.

Dann folgt die Imagination von Wärme im Körper.

Schließlich kann man sich vorstellen, daß der Leib mit ca. 6Hz vibriert.

Man kann sich stattdessen auch einfach auf die Entspannung konzentrieren und sich „in die Matratze hinein sinken lassen". Man sollte ein bißchen damit experimentieren, wieviel Imagination förderlich und wieviel man einfach aus der schlichten Entspannung heraus geschehen lassen sollte. Die Phänomene „Entspannung –

Schwere – Wärme – Vibrieren" treten auch ohne Imagination auf, wenn man sich immer weiter entspannt und einfach nur bewußt daliegt und sich nicht bewegt – dann gerät man in eine Art „wachen Schlaf", in einen „vollbewußten Schlaf". Möglicherweise ändert sich auch das Atmen und wird zu dem Tiefschlaf-Atem oder scheint fast ganz aufzuhören – das sollte man dann einfach geschehen lassen.

Auf das Vibrieren folgt dann ein seltsames Phänomen: Man liegt reglos da und auf einmal schlägt das rechte Bein nach unten hin durch die Matratze hin aus oder der rechte Arm zuckt nach links durch den eigenen Körper hindurch oder die Hände klappen kurz nach unten hin durch die Matratze hindurch usw. Man erlebt also, daß man unmögliche Bewegungen macht – man kann schließlich seinen rechten Arm nicht nach links hin durch den eigenen Leib bewegen. Das, was sich da bewegt, ist nicht der physische Arm, sondern der Astral-Arm, also der Arm des Astralkörpers, für den der physische Leib ja kein Hindernis ist – er hat sich kurz aus seiner Koppelung an den physischen Arm gelöst.

Wenn man diese seltsamen Phänomene einfach beobachtet und sich weiterhin entspannt, kommt es als nächstes zu einem weiteren merkwürdigen Phänomen: Man scheint hin und her zu schaukeln wie auf einem Schiff bei hohem Seegang – der Astralkörper lockert sich und ist nicht mehr fest mit dem physischen Leib verbunden. Möglicherweise kennt der eine oder andere dieses Phänomen, das in ähnlicher Weise auftritt, wenn man zu viel Alkohol getrunken hat und dann im Bett liegt – das dann ein Schiff bei hohem Seegang zu sein scheint ... Bei der Astralreise ist dieses Phänomen allerdings deutlich friedlicher, organischer und angenehmer.

Schließlich kann es passieren, daß man aus diesem Schwanken und Schaukeln heraus mit dem Astralkörper den physischen Körper verläßt. Vermutlich wird man dann recht schnell wieder in seinen physischen Leib zurückrutschen, aber man hat dann schon einmal ein erstes Erlebnis der Astralreise und einen Weg, auf dem man dieses Erlebnis wiederholen kann.

Bei manchen Menschen kommt es vor, daß sie ab einem gewissen Grad an Entspannung heftige Gefühle erleben: Man ist soweit mit seinem Wachbewußtsein in sein Unterbewußtsein (Traumbewußtsein) gesunken, daß man in sich alte Ängste, Süchte und evtl. auch das eine oder andere Trauma wahrnehmen kann – möglicherweise auch eine formlose Todesangst, die wie in großen Wogen heranrauscht ... immerhin ist das Verlassen des Körpers eng mit dem Tod assoziiert.

Sollten sich solche Phänomene einstellen, ist es notwendig, sich erst einmal um diese alten Gefühle zu kümmern und sie zu heilen, um die Astralreise erlernen zu können.

IV 1. b)   Buchstabenübungen

Bei den Buchstabenübungen wird das Prinzip des Schwingens, also das Phänomen der 6Hz-Vibration des Astralkörpers benutzt, um zu einer Astralreise zu gelangen. Letztlich sind die Buchstabenübungen daher eine Entspannungsmethode, die lediglich an einem anderen Phänomen der Entspannung ansetzt:

Schwere: Entspannung
Vibrieren: Buchstabenübungen

Es gibt verschiedene Systeme von Buchstabenübungen. Das Verfahren, das in diesem Zusammenhang hilfreich ist, ist recht einfach:

Man legt sich bequem auf den Rücken, entspannt sich ein wenig und stellt sich dann zugleich in beiden Fußsohlen ein „A" vor – man kann es sich evtl. auch farbig vorstellen oder schauen, ob es von sich aus eine Farbe annimmt (das „A" ist z.B. oft rot). Dabei summt man innerlich dieses „A" als Dauerton vor sich hin. Dieses „A" wird nicht hörbar gesummt, sondern nur in der eigenen Vorstellung, es wird nur imaginiert.

Nach einer Weile wechselt man zu einem „E", dann zu einem „I", dann zu einem „O" und schließlich zu einem „U". Dann beginnt man wieder von vorn. Die Dauer der einzelnen Buchstaben wählt man ganz intuitiv so, wie es sich gerade gut anfühlt.

Diese sehr schlichte Methode führt dazu, daß der Körper schwer wird, dann warm wird und schließlich zu vibrieren beginnt. Die weiteren Phänomene sind dieselben wie bei der Entspannungs-Methode.

Die Buchstaben-Übungen haben den Vorteil, daß man etwas hat, woran man sich „festhalten" kann – was manchen Menschen leichter fällt, als sich einfach nur immer weiter zu entspannen ohne dabei einzuschlafen.

IV 1. c)   Kundalini

Die Erweckung der Kundalini als Hilfsmittel, um die Astralreise zu erlernen, setzt an dem dritten Phänomen an, das auftritt, wenn man sein Bewußtsein allmählich von seinem physischen Körper zu seinem Astralkörper hin verschiebt: die Wärme. Die erwachte Kundalini wird schließlich vor allem als aufsteigendes Feuer erlebt ...

Schwere:	Entspannung
Wärme:	Kundalini
Vibrieren:	Buchstabenübungen

Das Erwecken der Kundalini als Hilfsmittel zum Erlernen der Astralreise ist allerdings eine recht aufwändige Methode, da das Erwecken der Kundalini den meisten Menschen nicht leicht fällt. Für die Menschen, deren Kundalini bereits erwacht ist, besteht sehr wahrscheinlich die Möglichkeit, aus den Bewegungen der Kundalini (im Körperinneren) heraus zu der Bewegung des Astralkörpers als Ganzes (außerhalb des Körpers), also zu einer Astralreise zu gelangen.

Diese Möglichkeit ist meines Wissens aber noch kaum erforscht worden und ich habe sie auch selber noch nicht erlebt.

IV 1. d) Traumreisen

Bei einer Traumreise befindet sich der Astralkörper in dem physischen Körper – es ist lediglich das Wachbewußtsein mit dem Unterbewußtsein (Traumbewußtsein) koordiniert worden, sodaß man bei vollem Bewußtsein die Inhalte des Unterbewußtseins wahrnehmen kann und zudem die Telepathie, die das „Wahrnehmungsorgan" des Unterbewußtseins ist, souveräner benutzen kann.

Diese Koordination und Kooperation zwischen Wachbewußtsein und Traumbewußtsein ist jedoch ein Aspekt der Astralreise – man ist wachbewußt in seinem Astralkörper, der aus der eigenen Lebenskraft besteht, die auch die Substanz der Psyche ist und als Lebenskraft-Organe die Chakren enthält. Bei der Traumreise hat man somit einen Aspekt der Astralreise bereits erreicht – man ist auf der „Astral-Ebene" (wenn man den Bereich der Lebenskraft so nennen möchte) und nimmt dort wahr. Man nutzt seinen Astralkörper und die Lebenskraft und die Chakren in ihm. Diese innere telepathische Wahrnehmung bei einer Traumreise ist eine Fähigkeit, die auch für die Astralreise typisch ist. Sofern man für ein bestimmtes Ziel nur diese Wahrnehmung braucht, genügt daher eine Traumreise.

Das Element, das der Traumreise noch fehlt, um zu einer Astralreise zu werden, ist das Verlassen des Astralkörpers.

Die Bilderwahrnehmung bei einer Traumreise ist also wie die Schwere der Entspannung, die Vibration bei den Buchstabenübungen und Wärme bei der Kundalini-Erweckung ein Aspekt einer Astralreise. Man kann somit an vier verschiedenen Stellen mit einer Astralreise beginnen:

Schwere:	Entspannung
Wärme:	Kundalini
Vibrieren:	Buchstabenübungen
innere Wahrnehmung:	Traumreise

Welcher Ansatz einem persönlich am meisten liegt, muß man durch eigene Versuche herausfinden.

Von einer Traumreise aus müßte es möglich sein, die Wahrnehmung so sehr zu intensivieren, daß man von einer Traumreise zu einer Astralreise wechselt. Ich habe von derartigen Ansätzen gelesen, aber ich habe sie noch nicht selber erlebt. Ich kann mit meinem Bewußtsein in andere Menschen, Pflanzen, Gegenstände usw. wechseln, aber das scheint mit keine Astralreise zu sein, weil ich dabei eher eine „Sonde" aussende, mit deren Hilfe ich dann z.B. erkennen kann, wo sich ein verlorener Gegenstand befindet oder welche Gefühle in einem der Chakren eines bestimmten Menschen sind.

Aus der generellen Strategie, daß das Hervorrufen eines Aspektes der Astralreise ein Weg zu der Astralreise ist, sollte die Astralreise auch von einer Traumreise aus erreicht werden können.

In den betreffenden Anleitungen imaginiert man sich selber immer intensiver und immer lebhafter an einem Ort, der einem gut bekannt ist – dadurch zieht man sich selber schließlich in seinem Astralkörper zu diesem Ort.

Die Phänomene der Astralreise, die man als Weg zum Erlangen der Astralreise benutzen kann, treten bei dem Anstreben einer Astralreise in einer bestimmten Reihenfolge auf:

Die Folge der Phänomene			
Schritt	*Phänomen*	*Auftreten*	*Weg zur Astralreise*
1. Schritt	Schwere	den physischen Körper spüren und ruhig werden	Entspannung
2. Schritt	Wärme	die Lebenskraft im Körper spüren	Kundalini
3. Schritt	Vibrieren	die Lebenskraft in sich spüren	Buchstabenübungen
4. Schritt	innere Wahrnehmung	aus der Lebenskraft heraus wahrnehmen	Traumreise

Diese Reihenfolge legt nahe, zunächst die Entspannung zu üben, dann die Kundalini zu erwecken, danach Buchstabenübungen zu benutzen und schließlich die Traumreise zu üben. Das wäre zwar eine solide „Schritt für Schritt"-Methode, aber vermutlich auch eine sehr langsame Methode. Daher ist es empfehlenswerter, mit den verschiedenen Möglichkeiten zu experimentieren, um herauszufinden, welche Methode für einen selber am besten geeignet ist.

Die Einordnung der inneren Wahrnehmung in diese Folge ist nicht so klar wie die Folge der drei Phänomene „schwer – warm – vibrieren". Sie kann an verschiedenen Stellen in dieser Folge stehen.

IV 1. e) Meditation

Man kann Meditationen als Koordination zwischen verschiedenen Bewußtseinszuständen auffassen. Die vier individuellen Bewußtseinszustände sind:

1. das Wachbewußtsein, in dem die Bewußtseinsinhalte sind, die gerade gebraucht werden;

2. das Unterbewußtsein (Traumbewußtsein), in dem alle Bewußtseinsinhalte aufbewahrt werden;

3. das Ekstase-Bewußtsein, in dem sich nur ein einziger Bewußtseinsinhalt befindet, auf den man einsgerichtet ist; und

4. das Tiefschlafbewußtsein, das ohne Bewußtseinsinhalte und daher still und leer ist.

Das Tiefschlafbewußtsein ist wie ein Haus, das Raum zur Verfügung stellt; das Unterbewußtsein ist wie ein Archiv, in dem sich alle Erinnerungen und Wahrnehmungen befinden; das Wachbewußtsein ist wie ein Büro, in dem das verarbeitet wird, was für die derzeitige Situation von Bedeutung ist; und der Ekstase-Zustand ist das Spotlight der Schreibtischlampe in diesem Büro, die das beleuchtet, was gerade von existentieller Wichtigkeit ist.

Wenn nun zwei Bewußtseinsarten durch eine Meditation in Einklang miteinander gebracht werden, entstehen neue, komplexere Bewußtseinszustände. Einer dieser beiden Bewußtseinszustände ist stets das Wachbewußtsein, da Meditation ein bewußter Vorgang ist.

Wachbewußtsein + Traumbewußtsein	= Traumreise
Wachbewußtsein + Tiefschlafbewußtsein	= innere Stille (Zen)
Wachbewußtsein + Ekstasebewußtsein	= Einsgerichtetheit

Es können auch mehr als nur zwei Bewußtseinszustände miteinander koordiniert werden, was dann aber schon recht komplexe Vorgänge sind. Sie treten u.a. bei Mandala-Meditationen auf.

Am geeignetsten zum Erreichen einer Astralreise ist von diesen Zuständen die Traumreise, da man dabei schon das innere Sehen erreicht hat, das auch für die Astralreise typisch ist.

Die Einsgerichtetheit kann benutzt werden, um sich vollkommen auf ein Ziel auszurichten – hier also die Astralreise.

Der Stille-Zustand kann zum Bewußtwerden der eigenen Seele führen, also zur Bewußtwerdung der eigenen Essenz. Das führt zwar nicht zur Astralreise, aber es kann helfen, eine eventuell vorhandene Angst vor dem Verlassen des eigenen Körpers aufzulösen.

II 1. f) Kristallkugel

Das Schauen in eine Kristallkugel kann zu einem Einsgerichtetsein führen, das auf etwas im Außen, eben auf die Kristallkugel ausgerichtet ist. Das kann den Effekt haben, daß sich der Astralkörper auch nach draußen hin bewegt, d.h. daß man eine Astralreise erlebt. Das ist jedoch meines Wissens kein sehr häufiger Effekt, auch wenn er durchaus vorkommt.

II 1. g) Spiegelmagie

Die Benutzung eines Spiegels zum Erlernen der Astralreise ist bereits beschrieben worden: Man setzt sich vor einen großen Spiegel, betrachtet sein eigenes Spiegelbild und stellt sich vor, mit dem eigenen Bewußtsein in das Spiegelbild hinüber zu wechseln. Wenn das gelingt, hat man mit dem eigenen Bewußtsein, d.h. mit dem eigenen Astralkörper seinen physischen Leib verlassen. Es ist zunächst einmal ein sehr merkwürdiges Erlebnis, sich selber aus einem Spiegel heraus anzuschauen ...

Klassischerweise wird der Spiegel jedoch wie die Kristallkugel dazu benutzt, eine Vision zu erzeugen, also die Bilder einer Traumreise auf einen Gegenstand im Außen zu projizieren. Für die Kristallkugeln wird dies z.B. bei den Palantir im „Herrn der

Ringe" beschrieben – und die hier beschriebene Form der Spiegelmagie ist ja so gut wie jedem bekannt: „Spieglein, Spieglein an der Wand, wer ist ..."

IV 1. h) Horus u.ä. um Hilfe bitten

Eine ganz andere und deutlich indirektere (aber trotzdem effektive) Methode besteht darin, eine Seelenvogel-Gottheit darum zu bitten, einem zu helfen, die Astralreise zu erlernen. Solche Gottheiten sind z.B. der ägyptische Horus (Falke), der germanische Hönir (Hahn) und der griechische Hermes. Man kann auch den Adler des Zeus, den Garuda des Vishnu oder die Eule der Athene bei diesem Anliegen um Hilfe bitten.

Es könnte ratsam sein, dabei um eine sanfte Vorgehensweise zu bitten, damit man die Astralreise nicht durch ein Nahtod-Erlebnis kennenlernt.

Auf welche Weise man bei dieser Methode zu der Astralreise kommt, weiß man natürlich immer erst hinterher ...

IV 1. i) Drogen

Eine sehr weit verbreitete Methode ist die Erzeugung eines Nahtodes oder eines Wachschlafes mithilfe von Drogen, die dann dazu führen, daß der Astralkörper den physischen Körper verläßt.

Innerhalb einer Kultur, in der eine solche Methode über eine lange Tradition verfügt, ist diese Methode, wenn sie von erfahrenen Personen angeleitet wird, einigermaßen sicher – bei Freistil-Experimenten kann jedoch sehr viel Unvorhergesehenes geschehen, was von vorübergehenden Psychosen bis hin zum Tod reicht.

IV 2.   vom Traumbewußtsein ausgehend

Die zweite Gruppe von Astralreise-Methoden geht nicht vom Wachbewußtsein, sondern vom Unterbewußtsein aus. Sie machen es sich zunutze, daß das Unterbewußtsein, also der Traumzustand, das Bewußtsein des Astralkörpers ist.

IV 2. a)   Flugträume

Flugträume können Wahrnehmungen der Astralreise während des Schlafes sein – es kann natürlich auch anders entstandene Flugträume geben. Mit „Flugträume" sind hier keine Träume von einem Fliegen in einem Flugzeug, von Fallschirmsprüngen und ähnlichen technische unterstützten Flüge in der Luft gemeint, sondern vor allem Träume, in denen man selber mithilfe seines Körpers fliegt, wobei man möglicherweise Schwimmbewegungen mit den Armen macht.

Es kommt vor, daß dieses Fliegen in den Träumen derart häufig, real und normal wird, daß man sich im Traum fragt, warum man gerade jetzt fliegen kann und zu manchen Zeiten in seinem Leben aus unerfindlichen Gründen tatsächlich glaubt, daß das nicht möglich sei ...

Wenn man in solchen Träumen voll bewußt wird, befindet man sich zunächst einmal in einer Traumreise, da man sich in der inneren Bilderwelt befindet, also in seinem Unterbewußtsein. In diesen Bildern befindet sich auch die Wahrnehmung des eigenen Schwebens im Astralkörper während des Schlafes. Der Flugtraum ist nach wie vor ein Traum, aber eben einer, der die Wahrnehmung des Fliegens mit dem Astralkörper während des Schlafes in die Traumbilder mit eingebaut hat.

Dem Flugtraum fehlen somit noch zwei Dinge zu einer Astralreise: 1. das Erlangen des vollständigen Bewußtseins und 2. das Richten der Wahrnehmung von den inneren Bildern auf die konkrete, reale Umgebung.

Da man in einem Flugtraum bereits fliegt und sich auf einer Astralreise befindet, gibt es die Möglichkeit, aus einem Flugtraum heraus zu einer Astralreise zu wechseln – wenn es einem gelingt, voll wachbewußt zu werden und die Aufmerksamkeit von den inneren Bildern fort und auf das Außen zu richten. Da man in einem Flugtraum eben träumt, muß man sich dieses Erwachen in einem Flugtraum bereits vor dem Einschlafen vornehmen.

IV 2. b)   luzides Träumen

Eine allgemeinere Variante des Flugtraum-Ansatzes ist das luzide Träumen, also das Träumen, bei dem man voll wachbewußt geworden ist. Das ist derselbe Bewußtseinszustand wie das Träumen in den 5 Sekunden nach dem Aufwachen, in denen man dem letzten Traum noch wie einem Film zuschauen kann, wie ein lebhafter Tragtraum und wie eine Traumreise.

Man gelangt jedoch nicht wie bei einer Traumreise vom Wachbewußtsein aus in das luzide Träumen, sondern vom Traumbewußtsein (Unterbewußtsein) aus. Dieses „Erwachen im Traum", bei dem der Traum ungestört weiterläuft, erreicht man dadurch, daß man sich dies am Abend vor dem Einschlafen vornimmt. Eine beliebte Methode besteht daran, vor dem Einschlafen intensiv eine seiner eigenen Hände zu betrachten und sich fest vorzunehmen, im Traum die eigene Hand zu sehen und dann während des Betrachtens der eigenen Hand im Traum zu erwachen.

Sollte das gelingen, befindet man sich auf einer Traumreise. Von dieser Traumreise aus kann man dann die eigene Aufmerksamkeit von den inneren Bildern aus nach außen hin richten, wobei die eigene Hand das Tor zu dieser anderen Sichtweise ist: Man betrachtet im Traum seine Hand, dann seinen Arm, dann den Körper, dann den Ort, an dem man sich befindet usw. Es ist natürlich möglich, daß man dabei trotzdem in den Traumbildern bleibt – oder daß man schlichtweg wieder in den Traum versinkt und das Wachbewußtsein verliert oder auch ganz einfach aufwacht. Aber das luzide Träumen ist eine der bekannteren und beliebteren der vielen Möglichkeiten, eine Astralreise zu beginnen.

IV 2. c) Salz

Da das Astralreisen manchen Menschen nicht so leicht fällt, haben die Menschen schon viele kreative Ansätze entwickelt.

Einer von ihnen ist die Salz-Methode: Man schluckt am Abend einen halben gestrichenen Teelöffel Salz, stellt ein Glas mit Wasser auf den Küchentisch und stellt sich vor dem Einschlafen vor, daß man nachts aufsteht und zu dem Glas mit Wasser geht und es austrinkt, weil man wegen dem Salz großen Durst hat.

Mithilfe dieser Methode kann es einem gelingen, des nachts in seinem Astralkörper vor dem Glas Wasser zu erwachen. Es kann allerdings auch sein, daß man zum Schlafwandler wird und mit seinem physischen Körper vor dem Glas Wasser aufwacht ...

IV 3.   unabsichtliches Erlernen der Astralreise

Das unabsichtliche Erlernen der Astralreise ist natürlich am einfachsten, weil man sie dann nicht absichtlich erlernen und üben muß. Allerdings sind die Begleitumstände dabei nicht immer wirklich angenehm.

IV 3. a) Spiel

Manche Kinder verlassen vor allem beim Spielen oder beim Einschlafen bewußt ihren Körper und schauen sich dann selber zu, wie sie spielen oder schlafend daliegen.

Manche Kinder behalten diese Fähigkeit ihr Leben lang, während ein Großteil diese Fähigkeit mit ca. 5 Jahren wieder verliert. Dem scheint dieselbe Dynamik zugrunde zu liegen, wie die Fähigkeit, sich an frühere Leben zu erinnern oder die Zukunft zu sehen, die sich bei vielen Kindern ebenfalls mit ca. 5 Jahren wieder auflöst.

Die Telepathie und somit auch die „zeitliche Erinnerung", also das Erinnern an frühere Leben bzw. das Sehen der Zukunft, sind an den Astralkörper (Unterbewußtsein, Lebenskraft) gebunden. Daher ist es plausibel, daß die Fähigkeit zum Astralreisen und die zeitliche Telepathie in demselben Alter verloren gehen.

Offenbar entwickelt sich im Alter von ca. 5 Jahren etwas in der Psyche, was die einfache, offene und naive Wahrnehmung behindert. Vermutlich handelt es sich dabei um das ab dieser Zeit deutlich konturiertere und strukturierte Weltbild, in das solche Erlebnisse zumindestens in unserer Kultur nicht hineinpassen.

Die Integration der Astralreise in unsere Kultur würde es daher wahrscheinlich vielen Menschen ermöglichen, sich die Astralreise-Fähigkeit aus ihrer Kindheit in ihr Erwachsenenalter hinein zu bewahren.

IV 3. b) Krankheiten

Krankheiten können den Körper so sehr schwächen, daß man sich in einem Zustand zwischen Wachen und Schlafen, zwischen Wachbewußtsein und Unterbewußtsein befindet. In diesem Zustand ist auch der Astralkörper nicht mehr so fest an den physischen Körper gebunden, sodaß eine Astralreise leichter auftreten kann.

IV 3. c) Nahtod-Erlebnis

Das Erlernen der Astralreise durch ein Nahtod-Erlebnis kann man niemandem wünschen – das Risiko, daß der Nahtod zu einem tatsächlichen Tod wird, ist einfach zu groß. Wenn man jedoch bei einem Nahtod eine Astralreise erlebt hat, kann man eine Astralreise bewußt hervorrufen, indem man in die Erinnerung an das Astralreise-Erlebnis hineinversetzt.

Das ist die klassische schamanische Methode.

IV 3. d) Schock

An die Stelle des Nahtodes kann auch ein Schock treten, also ein Erlebnis, das so heftig ist, daß man es nicht verarbeiten kann, weshalb man den eigenen Körper verläßt. Typische Schock-Situationen, die so etwas auslösen können, sind Auto-Unfälle und Vergewaltigungen.

Man kann auch solche Erlebnisse niemandem wünschen, aber man kann sie evtl. zum Erlernen der Astralreise nutzen – wobei es allerdings notwendig sein kann, zuvor das Trauma, das möglicherweise durch dieses Erlebnis entstanden ist, aufzulösen.

Diese Trauma-Heilung ist natürlich für das gesamte Leben des Betreffenden wertvoll, aber es erschwert natürlich in manchen Fällen auch die Nutzung dieser Astralreise-Erinnerung zum Erlernen der absichtlichen Astralreise.

IV 3. e) Ohnmacht

Eine Ohnmacht bewirkt in manchen Fällen nur eine teilweise Bewußtlosigkeit. Dadurch gibt es die Möglichkeit, sich während einer Ohnmacht von außen her zu sehen, d.h. eine Astralreise zu erleben. Je nach dem Anlaß für diese Ohnmacht ist diese Astralreise-Erinnerung Trauma-frei und daher gut für das Erlernen der Astralreise verwendbar.

IV 3. f) Vergiftung

Es gibt manchmal Vergiftungen, bei denen sich der Betreffende plötzlich außerhalb seines Körpers wiederfindet. Auch solch ein Erlebnis ist nicht wünschenswert, aber man kann es als Anknüpfungspunkt für das Erlernen der absichtlichen Astralreise verwenden.

IV 4. Einweihungen

Die Einweihungen und die Mysterienkulte, in denen diese Einweihungen stattfanden, sind um 600 v.Chr. gleichzeitig von China bis an die europäische Atlantikküste hin entstanden. Ihre Wurzeln reichen bis in die Altsteinzeit zurück.

In der Altsteinzeit haben die Schamanen durch einen Nahtod die Astralreise erlebt und anschließend gelernt, sie auch willentlich durchzuführen.

In der Jungsteinzeit haben die damaligen Schamanen-Priester nach handwerklich-magischen Möglichkeiten gesucht, eine Astralreise hervorzurufen. Dabei wurde Fasten, Tänze, Isolation in einer Höhle, Drogen u.ä. als Hilfsmittel benutzt.

In der Epoche des Königtums spalteten sich die Schamanen-Priester der Jungsteinzeit in die Priester, die die Rituale des Kultes durchführten, und in die Schamanen, die die Jenseitsreisen bei den Bestattungen, bei den Krönungen der Könige und bei der Bitte um Rat und Hilfe an die Ahnen durchführten.

Um 600 v.Chr. kam die Idee auf, daß jeder eine Jenseitsreise machen und dadurch eine Astralreise erleben sollte – wodurch jeder erleben konnte, daß er mehr als nur sein physischer Körper ist. Dieser Ansatz war zudem mit der Vorstellung verbunden, daß jeder sein eigenes Leben gestalten muß – man könnte sagen, daß es den Leitspruch „Jeder sein eigener König!" gegeben hat. Um das Erlebnis der Astralreise und auch diese Eigenständigkeit zu erlangen, wurden zum einen die Einweihungs-Rituale der Mysterien und zum anderen die Meditationen entwickelt.

Die Meditationen bauten auf der Jenseitsreise der Schamanen auf – sie sind also ursprünglich Anleitungen gewesen, wie man seinem Astralkörper erleben konnte. Diese Meditationen bestehen darin, daß man die Vorgänge nach dem Tod imitiert – wie u.a. das tibetische Totenbuch zeigt, das eine der Grundlagen für die tibetischen Meditationen ist.

Die Mysterien waren eine rituell inszenierte Jenseitsreise. Dabei konnten die verschiedensten Aspekte der Jenseitsreise das Hauptmotiv des Rituals sein: das Bestattungsfeuer als Jenseitstor (Mysterien von Eleusis, Zarathustra), der Feuerlauf als Jenseitsreise (Griechen, Kelten, Germanen), die Höhle (Perser, Kelten, vermutlich auch die Hethiter), das Beinahe-Ertränken (Kelten) usw.

Die wichtigsten damaligen Meditations-Lehren und Mysterien waren:

Weisheits-Lehren und Mysterienkulte		
Land/Volk	*Lehre*	*Mysterien*
Chinesen	Loa-tse, Dschung-tse	
Ägypter		Isis-Mysterien, Osiris-Mysterien, Serapis-Kult
Inder	Buddha, Jaina, Patanjali	
Perser	Zarathustra	Mithras-Mysterien
Nord-Mesopotamien		Cybele-Kult, Attis-Kult
Griechen	Pythagoras	Mysterien von Eleusis, Dionysos-Kult, Despoina-Kult
Thraker	Zalmoxis, Orpheus	Mysterien von Samothrake, Sabazius-Kult
Römer		Mysterien des Sol invictus, Mysterien des Liber Pater, Kult des Jupiter Dolichenus
Kelten		Druiden-Einweihung
Germanen		Krieger-Einweihung

Zwei weitere Mysterienkulte sind die Sonnentänze der nordamerikanischen Plains-Indianer und die Sonnentänze der afrikanischen Völker. Bei diesen Kulten läßt sich jedoch die Entstehungszeit nur schwer einschätzen.

Die weitverbreitete Visionssuche stammt vermutlich noch aus der Jungsteinzeit – man kann sie als eine individuellere Form der Mysterien auffassen. Sie ist recht sicher eine der Wurzeln der Mysterien.

Eine der rustikalsten und vermutlich auch wirkungsvollsten Methoden ist die der Kelten: Die angehenden Druiden wurden an einen Stamm gebunden und dann in einen wassergefüllten Schacht getaucht bis sie fast ertrunken waren. Dann wurden sie wieder herausgeholt und wiederbelebt. Durch diesen rituelle herbeigeführte Nahtod haben sie eine Astralreise erlebt. Man nannte dies den „dreifachen Tod": 1. gefesselt sein, 2. an einem Baum hängen und 3. (beinahe) ertrinken.

Die Nachahmung ist nicht zu empfehlen ...

IV 4. a) Todes-Darstellung

Ein Aspekt der Einweihungen ist die Todesdarstellung. Sie reicht von dem symbolischen Tod in den Mithras-Mysterien bis zu dem realen Nahtod-Erlebnis bei der Druiden-Einweihung bei den Kelten.

Die mehr oder weniger realistische rituelle Darstellung rief dann in vielen Fällen ein Astralreise-Erlebnis hervor – oder mit anderen Worten: die Begegnung mit der eigenen Seele.

IV 4. b) Fasten

Das Fasten und der Verzicht auf das Trinken kann ebenfalls eine Astralreise hervorrufen – wie ja schon das Sprichwort sagt: „Essen und Trinken hält Leib und Seele zusammen." Der Verzicht auf Speise und Trank sollte daher den Astralkörper früher oder später von dem phyischen Körper loslösen – im Idealfall bereits vor dem Verhungern oder Verdursten ...

IV 4. c) Isolation

Ein ganz ähnlicher Ansatz ist die Isolation tief in einer Höhle o.ä. Diese Methode würde man in der Fachsprache der Psychologie als eine „sensorische Deprivation" bezeichnen. Auch dies kann dazu führen, daß man schließlich seinen Körper verläßt und eine Astralreise beginnt.

IV 4. d)   Ekstase

Die Ekstase taucht in den Mysterienkulten relativ selten auf – sie ist teilweise aus dem semitischen Attiskult in die Isis-Mysterien übernommen worden. Der Regelfall ist jedoch nicht der ekstatische Tanz, die Selbstverletzung, der Feuerlauf u.ä. Methoden der „maximalen Aufregung", sondern die Meditation, also die todesgleiche Stille – die „maximale Entspannung".

IV 4. e)   Drogen-haltige Tränke

In vielen Mysterienkulten und allgemein im Schamanismus sind Kräutertränke und Kräutersalben benutzt worden, die einen todesähnlichen Zustand und damit verbunden eine Astralreise hervorrufen. Sie finden sich u.a. im Odin-Kult der Germanen, bei den Hexen („Hexensalben"), in den Mysterien von Eleusis, in den Ritualen der Skythen und Perser, in dem Soma-Kult der Inder, bei den Indianern im Mittel- und Südamerika, bei den Völkern in Sibirien usw.

Dies ist eine chemisch-pharmazeutische Methode des Hervorrufens einer Astralreise – eine absichtliche und im Idealfall gut gesteuerte Vergiftung.

Eine derartige, jedoch nicht beabsichtige Methode des chemisch-pharmazeutischen Hervorrufens einer Astralreise ist das früher allgemein übliche Betäuben mit Chloroform vor Operationen gewesen.

Die Gefährlichkeit der in den Mysterien und Kulten benutzten „Astralreise-Pflanzen" schwankt sehr stark.

IV 5.   Hypnose

Bei der Hypnose findet normalerweise keine Astralreise statt, aber es gibt trotzdem einige Parallelen zur Astralreise.

Bei der Hypnose schaltet der Hypnotiseur durch Suggestionen das Wachbewußtsein des Hypnotisierten ab und setzt sich selber an die Stelle des Wachbewußtseins des Hypnotisierten, wodurch er in der Lage ist, den Hypnotisierten durch seine Worte zu lenken.

Bei diesen Suggestionen spielen die folgenden Worte eine große Rolle: „Du bist ganz entspannt ... Du wirst ganz schwer ... Dir wird angenehm warm ... Du wirst müde ... Du schläfst ein ..."

Die ersten drei Adjektive, also „entspannt", „schwer" und „warm" entsprechen den ersten drei Phänomenen, die man erlebt, wenn man durch eine tiefe Entspannung zu einer Astralreise gelangen will. Der Hypnotiseur benutzt offenbar bei der Hypnose denselben Weg wie jemand, der seinen Astralkörper von seinem physischen Körper loslösen will:

- Beim Erlernen der Astralreise verschiebt man seine Aufmerksamkeit von seinem physischen Körper zu seinem Astralkörper, der dem Unterbewußtsein entspricht.

- Bei der Hypnose verschiebt der Hypnotiseur das Wachbewußtsein des Hypnotisierten in Richtung Unterbewußtsein, das dem Astralkörper entspricht.

Während der Astralreise-Lehrling sein Wachbewußtsein mit in seinen Astralkörper nimmt und folglich wach bleibt, suggeriert der Hypnotiseur dem Hypnotisierten, daß er müde wird und einschläft – der Hypnotisierte wechselt vollständig in den Schlafzustand und schaltet sein Wachbewußtsein ab.

Es gibt somit vier wichtige Vorgänge, die alle denselben Weg benutzen:

Der Weg zum Astralkörper			
Schritt	*Vorgang*		
	Schlaf	*Hypnose*	*Astralreise*	*Kundalini*
1. Schritt	entspannen			
2. Schritt	schwer			
3. Schritt	warm			
4. Schritt	müde		vibrieren	
5. Schritt	einschlafen		äußere Bewegung	innere Bewegung
Ergebnis	Schlaf	Hypnose	Astralreise	Kundalini

V   Der individuelle Weg

Die bisherigen Kapitel zeigen schon, daß es eine sehr große Vielfalt an Methoden gibt, auch wenn sie oft ähnliche Elemente enthalten und sich alle auf denselben Weg beziehen. Aus dieser Vielfalt muß sich jeder, der die Astralreise erlernen will, seinen eigenen Weg zusammenstellen oder sich eine eigene Methode entwickeln – es gibt kein Patentrezept, das bei jedem funktioniert ...

V 1.   Tradition

Die erste Grundlage ist immer die Tradition, in der man aufgewachsen ist. Wenn man in Südamerika groß geworden ist, wird man vermutlich die dortigen Methoden kennen; wenn man in Europa lebt, hat man vermutlich zunächst einmal von den Hexensalben gehört; generell werden in der westlichen Zivilisation wahrscheinlich die verschiedenen Entspannungsmethoden und das luzide Träumen die Astralreise-Methoden sein, mit denen man beginnen wird.

Wenn die jeweilige traditionelle Methode zu dem gewünschten Erfolg führen, wird man meistens auch bei der betreffenden traditionellen Methode bleiben; wenn nicht, wird man sich in anderen Kulturen umsehen und dann mit deren Vorgehensweisen zu experimentieren beginnen – sofern die eigene Motivation, die Astralreise zu erlernen, groß genug ist.

V 2.   Horoskop

Das Horoskop sagt einiges über die eigene Neigung zu Astralreisen aus. Horoskope sind natürlich sehr komplex, sodaß hier nur ein paar Anregungen angeführt werden können.

Der Beginn der ersten Astralreise ist ein Sprung in Neuland und gehört folglich zum Uranus. Ein Uranus im 1. Haus ist daher schon einmal recht förderlich.

Der Astralkörper sitzt während der Phase des aktiven Wachbewußtseins (also während man nicht schläft) normalerweise fest im physischen Körper. Diese Festigkeit entspricht dem Saturn. Folglich ist ein Quadrat zwischen Saturn und Uranus eine gute Grundlage für eine spontane Astralreise ohne große Vorbereitungen.

Ein Pluto/Saturn-Quadrat spricht dafür, daß man eher in Gefahren-Situationen eine Astralreise erleben wird (Nahtod-Erlebnis).

Eine Konjunktion von Mond und Uranus ermöglicht ein schnelles Erreichen der Astralreise durch Entspannungs-Methoden (Mond).

Wenn der Neptun ein Quadrat zum Uranus hat, wird man vermutlich am ehesten mit Drogen (Neptun) eine Astralreise zu erreichen versuchen.

Bei einem Aspekt zwischen Mars und Uranus benutzt man vermutlich mit Vorliebe Extase-Techniken, um eine Astralreise zu beginnen.

V 3.   „Jeder Jeck ist anders ...“

Wie man im Rheinland so weise sagt: „Jeder Jeck ist anders ...“ Das gilt auch für die Astralreise – jeder muß sich selber seinen Weg suchen. Man kann eine Landkarte zeichnen, auf der die verschiedenen Phänomene und die sich daraus ergebenden Ansätze verzeichnet sind und aus der sich auch das Verwandtschaftsverhältnis zwischen diesen verschiedenen Phänomenen und Methoden erkennen läßt. Den Weg durch diese Landschaft zu der Astralreise, der sich für einen selber an besten eignet, muß man jedoch selber suchen, erproben und finden.

V 4.   Die Landkarte

Im Wesentlichen ist die Landkarte zur Astralreise schon in den vorangegangen Kapiteln skizziert worden. Sie ist allerdings noch nicht vollständig dargestellt worden.

Die Astralreise-Landkarte findet sich auf den beiden nächsten Doppelseiten. Die Wege zur Astralreise beginnen jeweils auf der linken Seite und führen dann auf der rechten Seite weiter.

Die Grundstruktur der Landkarte hat drei Teile:

1. das Wachbewußtsein, der physischer Leib und der Auslöser
2. der siebenteilige Weg (konzentrieren – entspannen – imaginieren – schwer – warm – vibrieren – bewegen)
3. das Traumbewußtsein und der Astralkörper (Astralreise + drei weitere Phänomene)

Die Astralreise-Landkarte (linke Seite)				
Wachbewußtsein, physischer Leib: Auslöser	Weg (erste Hälfte)			
	konzentrieren	entspannen	imaginieren	schwer
Tod	still werden	Bewegung endet	Rauch/Nebel sehen (Lebenskraft)	→
Schlaf	hinlegen	entspannen	→	schwer
Entspannung	konzentrieren	entspannen	→	
Hypnose	konzentrieren	entspannen	der Hypnotiseur imaginiert zu seinen Worten	→
Kundalini	konzentrieren	→		
Buchstaben-übungen	konzentrieren	→		
Kinderspiele	Sprung aus Spaß	→		
Schock	Sprung aus Not	→		
Nahtod-Erlebnis				
ritueller Nahtod	Sprung	→		
Fasten	Sprung durch Annähern an das Verhungern (Tod)	→		
Betäubung	erzwungener Sprung	→		
Kristallkugel	konzentrieren	Sprung	→	→
Isolation	Konzentration durch Mangel an Ablenkung	Sprung	→	→

Die Astralreise-Landkarte (rechte Seite)						
Weg (zweite Hälfte)			Traumbewußtsein, Astralkörper			
warm	vibrieren	bewegen	1. Phänomen	2. Phänomen	Astralreise	3. Phänomen
Wärme schwindet	Atem endet	→	Licht sehen	den Körper verlassen	Astralreise	
warm	Sprung („in Schlaf fallen")	Schlaf	Traum			
warm	vibrieren	schwanken	→			Telepathie, Telekinese, Bilokation
warm	→	Hypnose	in Hypnose Astralreise befehlen	in Hypnose Astralreise befehlen	im Astralkörper erwachen	
Hitze	→		Kundalini steigt auf	Chakren	-	-
				→	Astralreise	
→	vibrieren	→	-			
→			-			
→			evtl. Trauma-Bildung	→		
→			-			
→			-		Astralreise	-
→			-			
→			-			
→			-			

Die Astralreise-Landkarte (linke Seite)				
Wachbewußtsein, physischer Leib: Auslöser	Weg (erste Hälfte)			
	konzentrieren	entspannen	imaginieren	schwer
Horus um Hilfe bitten	Konzentration	Sprung	→	→
physische Störung	→	Kraftlosigkeit	Sprung	→
Krankheit	→	Kraftlosigkeit	Sprung	→
Meditations-Experimente	→	hohe Spannung	Sprung	→
Erster Sex	→	hohe Spannung	Sprung	→
Spiegel	konzentrieren	→	imaginieren	Sprung
Imagination	konzentrieren	→	imaginieren	Sprung
Einweihung	Aufregung	→	Todes-Darstellung	Sprung
Drogen	Einnahme	→	→	Einschränkung der Bewegungen („Schlaf", „Tod")
Ekstase	einsgerichtet	Tanz, Gesang o.ä.	→	
Entschluß	einschlafen	→		
Entschluß	einschlafen	→		
Entschluß	Salz essen und Glas Wasser bereitstellen	→		

Die Astralreise-Landkarte (rechte Seite)						
Weg (zweite Hälfte)			Traumbewußtsein, Astralkörper			
warm	vibrie-ren	bewegen	1. Phänomen	2. Phänomen	Astralreise	3. Phänomen
→			-		Astralreise	-
→			-			
→			-			
→			-			
→			-			
→			-		Astralreise	-
→			-			
→			-			
→			-			
→			-		Astralreise	
→			luzides Träumen	im Traum erwachen		
→			Flugtraum	im Flugtraum erwachen		
→			Astralreise	beim Wasserglas im Astralkörper erwachen		

VI Verwendung

Das Erlebnis der Astralreise und das Erlernen ihrer willentlichen Hervorrufung führen zu verschiedenen Erkenntnissen und Handlungsmöglichkeiten.

VI 1. Erkenntnisse

Die Erkenntnisse, die man durch die Astralreise gewinnen kann, sind sehr grundlegend und haben u.a. die Religion und vermutlich auch die Magie entstehen lassen.

VI 1. a) „Ich bin mehr als mein Leib.“

Die wichtigste Wirkung des Erlebnisses einer Astralreise überhaupt ist die Erkenntnis, daß man mehr als nur der eigene physische Körper ist.

Daraus ergibt sich als zweiter Schritt die Erforschung, was man mit diesem nicht-physischen Körper alles machen kann: Das sind vor allem Telepathie und Telekinese, also die nicht-physische Wahrnehmung und das nicht-physische Handeln – also die Magie.

Als nächstes stellt sich die Frage, was mit dem Astralkörper nach dem Tod geschieht – wenn er weiterexistiert, ist der Tod nicht das Ende der eigenen Existenz.

Diese Erkenntnis hat eine weitere Folge: Selbstmorde beenden nicht die eigene Existenz, sondern verändern die physische Existenz lediglich zu einer nicht-physischen Existenz. Das bedeutet, daß man die eigene Existenz nicht beenden kann – „no exit“ ... es gibt keine Möglichkeit sich aus dem Spiel zu verabschieden. Das „Ich mache nicht mehr mit!“ wird vom Leben nicht akzeptiert.

VI 1. b) Kundalini

Es besteht eine Chance, daß man durch das Üben der Astralreise auch die eigene Kundalini entdeckt und ihr Aufsteigen erlebt. Das kann einen wiederum dazu führen, daß man dem eigenen Schatten begegnet, also den verdrängten Ängsten, Süchten und Schmerzen. Das kann ausgesprochen unangenehm sein, aber es bietet die Möglichkeit, diese Anteile des eigenen Wesens zu heilen und zu integrieren und anschließend ein wesentlich erfüllteres Leben führen zu können.

VI 1. c)   Chakren

Falls man über die Astralreise zu einem Erleben der Kundalini gelangt, wird man vermutlich anschließend auch das eine oder andere Chakra in sich entdecken und spüren können. Das ist allerdings ein schon recht umständlicher Weg zum Erleben (und Nutzen) der eigenen Chakren ...

VI 2.   Fähigkeiten

In der Magie sollten die Wahrnehmungsfähigkeiten und die Handlungsfähigkeiten stets in etwa gleich stark entwickelt werden – etwas sehen zu können, aber nichts tun zu können, ist keine gute Situation, und handeln zu können, aber nicht zu wissen, in welcher Lage man sich befindet, führt nicht immer zum gewünschten Ergebnis ...

Auch aus der Astralreise ergeben sich Handlungsmöglichkeiten, wobei diese Handlungsmöglichkeiten jedoch nicht immer die Fähigkeit, eine Astralreise durchzuführen, als Grundlage haben müssen.

VI 2. a)   Fernes sehen

Der Astralkörper ist sozusagen die Substanz des Unterbewußtseins, wobei diese Substanz meistens „Lebenskraft" genannt wird. Dieses Unterbewußtsein kann man in Träumen, auf Traumreisen und in Visionen erleben. Die Wahrnehmungen durch den Astralkörper sind die Telepathie, die Handlungen durch den Astralkörper sind die Telekinese. Beides kann man als Vorgänge in der Lebenskraft beschrieben – wobei das Wort „Lebenskraft" hier lediglich benutzt wird, um dem milchigweiße Leuchten, der Tastempfindung und der Wärme/Hitze, die man bei diesen Vorgängen erleben kann, einen Namen zu geben und leichter über diese Phänomene sprechen zu können.

Wenn man sich auf einer Astralreise befindet, sind einem die Telepathie und die Telekinese also näher als im normalen Wachzustand, der nicht mit dem Unterbewußtsein gekoppelt ist. Es ist allerdings nicht notwendig, eine Astralreise zu unternehmen, um etwas in der Ferne telepathisch sehen zu können – z.B. um einen verlorenen Schlüssel wiederzufinden. Dafür genügt auch der Traumreise-Zustand.

Es besteht allerdings ein grundlegender Unterschied zwischen der Schlüssel-Suche per Astralreise und der Schlüsselsuche per Telepathie: Bei der Telepathie versetzt man sich in Resonanz mit dem Schlüssel und sendet sozusagen eine „telepathische Sonde" aus, die nach dem Schlüssel schaut – bei der Astralreise beginnt man sich selber als Ganzes an den Ort, an dem der Schlüssel liegt. Das hat zur Folge, daß die Wahrnehmungen bei der Astralreise in der Regel klarer und deutlicher sind – was jedoch nicht prinzipiell so sein muß.

VI 2. b)   Zukünftiges sehen

Dasselbe gilt vermutlich auch für die telepathische Wahrnehmung der Zukunft. Die Bilder sind wahrscheinlich klarer, wenn man mit seinem Astralkörper, d.h. als Ganzes in die Zukunft reist und nicht nur eine „telepathische Sonde" dorthin schickt.

VI 2. c)   Diesseits und Jenseits

Die Jenseitsreise ist die „klassische Anwendung" der Astralreise: Der Schamane reist zu den Seelen der verstorbenen Ahnen in das Jenseits und bittet sie um Rat und Hilfe. Auch das Erkennen der Zukunft wird von den Schamanen und den Schamanen-Priestern („Sehern") so gut wie immer mithilfe von Jenseitsreisen durchgeführt – sie befragen die Ahnen und Götter danach, was zukünftig geschehen wird.

Wie u.a. die systemischen Familienaufstellungen zeigen, ist für den Kontakt zu den Ahnen keine Astralreise notwendig, aber man kann auch hier davon ausgehen, daß eine Astralreise klarere und detailliertere Ergebnisse bringt als das Aussenden einer „telepathischen Sonde" oder als das telepathische Empfangen von Botschaften – wie z.B. durch das Medium im Spiritismus oder durch einen der Teilnehmer bei einer Familienaufstellung.

VI 2. d)   Hypnose

Die Fähigkeit, Astralreisen durchführen zu können, sind keine Vorraussetzung dafür, einen anderen Menschen hypnotisieren zu können oder selber hypnotisiert zu werden. Das Erlebnis einer Astralreise und das Verstehen der dabei wirkenden Strukturen und Dynamiken können dem Hypnotiseur die Hypnose unter Umständen jedoch erleichtern.

Es gibt zudem die Möglichkeit, daß der Hypnotiseur, den man in diesem Zusammenhang dann „Magier" nennen würde, dem Hypnotisierten, den man dann üblicherweise „Medium" nennt, in der Hypnose befiehlt, seinen Körper zu verlassen und mit seinem Astralkörper an einen anderen Ort zu reisen. Nun läßt sich kaum sagen, ob das Medium unter der Hypnose tatsächlich eine Astralreise durchführt oder lediglich eine verbesserte Form der Telepathie durchführt, die dadurch entsteht, daß das Medium nicht durch ihr Wachbewußtsein gestört wird und durch den Befehl des Magiers einsgerichtet ist.

Möglicherweise läßt es sich auch erreichen, daß das Medium in seinem Astralkörper außerhalb seines physischen Körpers erwacht, d.h. an einem anderen Ort als dem, an dem sich sein physischer Körper befindet – das wäre dann eine weitere Möglichkeit, eine Astralreise zu erleben.

Mir scheint diese Möglichkeit durchaus plausibel zu sein, aber mir ist noch kein solcher Versuch bekannt, der erfolgreich durchgeführt worden ist.

VI 2. e) Telekinese

Man sollte vom Astralkörper aus eigentlich auch eine effektivere Telekinese durchführen können. In den Berichten über Astralreisen findet man jedoch vor allem den Hinweise darauf, wie schwer es ist, sich vom Astralkörper aus einem Menschen in seinem physischen Leib bemerkbar zu machen. Über Versuche, dies mithilfe des telekinetischen Umwerfens von Gegenständen oder durch das telekinetische Erzeugen von Geräuschen zu versuchen, ist mir nichts Nähere bekannt.

Immerhin gibt es in spiritistischen Séancen allerlei telekinetische Phänomene, die naheliegenderweise den in ihrem Astralkörper anwesenden Ahnen zugeschrieben werden. Dazu gehören Klopfgeräusche, umfallende Gegenstände und teilweise auch Materialisationen (eine zeitlang haben sich vor allem Schokoladentafeln materialisiert).

Ganz ähnliche Phänomene treten auch bei Ritualen auf – wobei diese Phänomene dann in der Regel den Geistern und Göttern zugeschrieben werden. Das ist natürlich weder ein großer Unterschied zu der Ahnen-Telekinese noch zu der vermuteten Astralkörper-Telekinese.

Das Ausüben von Telekinese von einer Astralreise aus scheint noch weitgehend unerforscht zu sein.

VI 2. f)   Bilokation

Die bereits erwähnte Bilokation („Anwesenheit an zwei Orten gleichzeitig") ist wahrscheinlich im Wesentlichen ein Sonderfall der Astralkörper-Telepathie: Ein Mensch begibt sich in seinem Astralkörper an einen anderen Ort zu anderen Menschen und erzeugt in diesen Menschen per Telepathie ein so starkes inneres Bild, daß sich dieses Bild mit den normalen Wahrnehmungen dieser Menschen überlagert. Dadurch entsteht dann im Bewußtsein dieser Menschen eine Vision, d.h. sie sehen etwas im Außen, was sie nicht von einer realen Wahrnehmung unterscheiden können. Diese Wahrnehmung kann sich vom Sehsinn aus auf den Hörsinn, den Tastsinn usw. ausweiten – es kommen jedoch auch reine Hörsinn-Visionen vor.

Im Prinzip sollte sich eine solche Bilokation, d.h. eine solche von anderen Menschen wahrgenommene Vision, auch ohne Astralreise erzeugen lassen. Aufgrund der Seltenheit dieses Phänomens, das schon zur fortgeschrittenen Magie gehört, ist es jedoch schwierig, die dabei stattfindenden Vorgänge genauer zu untersuchen.

Guten Flug!

Bücher von Harry Eilenstein

„Magie für Anfänger"

- Telepathie für Anfänger (60 S.)
- Telepathie für Fortgeschrittene (52 S.)
- Telekinese für Anfänger (52 S.)
- Lebenskraft für Anfänger (60 S.)
- Meditation für Anfänger (56 S.)
- Hypnose für Anfänger (56 S.)
- Auto-Movement für Anfänger (56 S.)
- Chakra-Magie für Anfänger (148 S.)
- Astralreisen für Anfänger (56 S.)
- Ritual-Magie für Anfänger (56 S.)
- Mandalas für Anfänger (68 S.)
- Geldzauber für Anfänger (56 S.)
- Liebeszauber für Anfänger (52 S.)
- Evokationen für Anfänger (60 S.)
- Elfen für Anfänger (56 S.)
- Magie-Forschung für Anfänger (140 S.)
- Selbsterkenntnis für Anfänger (52 S.)
- Zahlensymbolik für Anfänger (60 S.)
- Die Sprache des Mondes – für Anfänger (116 S.)
- Zaubergesänge für Anfänger (100 S.)
- Zukunftschau für Anfänger (60 S.)
- Schamanismus für Anfänger (52 S.)
- Magie für Anfänger – Sammelband I (696 S.)
- Magie für Anfänger – Sammelband II (664 S.)

Magie

- Handbuch für Zauberlehrlinge (408 S.)
- Tarot (104 S.)
- Physik und Magie (184 S.)
- Die Magie-Formel (156 S.)
- Krafttiere – Tiergöttinnen – Tiertänze (112 S.)
- Schwitzhütten (524 S.)

Meditation

- Der Lebenskraftkörper (230 S.)
- Die Chakren (100 S.)
- Das Chakren-System mit den Nebenchakren (296 S.)
- Meditation (140 S.)
- Drachenfeuer (124 S.)
- Reinkarnation (156 S.)
- einsgerichtet (140 S.)

Astrologie

- Astrologie (496 S.)
- Photo-Astrologie (428 S.)
- Die astrologischen Aspekte (88 S.)
- Horoskop und Seele (120 S.)

Kabbala

- Kursus der praktischen Kabbala (150 S.)
- Eltern der Erde (450 S.)
- Blüten des Lebensbaumes:
    - Die Struktur des kabbalistischen Lebensbaumes (370 S.)
    - Der kabbalistische Lebensbaum als Forschungshilfsmittel (580 S.)
    - Der kabbalistische Lebensbaum als spirituelle Landkarte (520 S.)

Bücher von Harry Eilenstein

Religion allgemein

- Die sieben Schritte des Lebens (428 S.)
- Muttergöttin und Schamanen (168 S.)
- Göbekli Tepe (472 S.)
- Die Göttin von Göbekli Tepe (144 S.)
- Totempfähle (440 S.)
- Christus (60 S.)
- Dakini (80 S.)
- Vajra (76 S.)

Ägypten

- Hathor und Re 1: Götter und Mythen im Alten Ägypten (432 S.)
- Hathor und Re 2: Die altägyptische Religion – Ursprünge, Kult und Magie (396 S.)
- Isis (508 S.)

Indogermanen

- Die Entwicklung der indogermanischen Religionen (700 S.)
- Wurzeln und Zweige der indogermanischen Religion (224 S.)

Germanen

- Die Götter der Germanen (87 Bände)
- Odin (300 S.)

Kelten

- Cernunnos (690 S.)
- Der Kessel von Gundestrup (220 S.)
- Der Chiemsee-Kessel (76)

Psychologie

- Über die Freude (100 S.)
- Das Geheimnis des inneren Friedens (252 S.)
- Das Beziehungsmandala (52 S.)
- Gefühle und ihre Verwandlungen (404 S.)
- einsgerichtet (140 S.)
- Liebe und Eigenständigkeit (216 S.)
- Von innerer Fülle zu äußerem Gedeihen (52 S.)

Heilung

- Die Symbolik der Krankheiten (76 S.)

Kunst

- Herz des Tanzes – Tanz des Herzens (160 S.)

Drama

- König Athelstan (104 S.)

Die Themen der 87 Bände der Reihe „Die Götter der Germanen"

1. Die Entwicklung der germanischen Religion
2. Lexikon der germanischen Religion
3. Der ursprüngliche Göttervater Tyr
4. Tyr in der Unterwelt: der Schmied Wieland
5. Tyr in der Unterwelt: der Riesenkönig Teil 1
6. Tyr in der Unterwelt: der Riesenkönig Teil 2
7. Tyr in der Unterwelt: der Zwergenkönig
8. Der Himmelswächter Heimdall
9. Der Sommergott Baldur
10. Der Meeresgott: Ägir, Hler und Njörd
11. Der Eibengott Ullr
12. Die Zwillingsgötter Alcis
13. Der neue Göttervater Odin Teil 1
14. Der neue Göttervater Odin Teil 2
15. Der Fruchtbarkeitsgott Freyr
16. Der Chaos-Gott Loki
17. Der Donnergott Thor
18. Der Priestergott Hönir
19. Die Göttersöhne
20. Die unbekannteren Götter
21. Die Göttermutter Frigg
22. Die Liebesgöttin: Freya und Menglöd
23. Die Erdgöttinnen
24. Die Korngöttin Sif
25. Die Apfel-Göttin Idun
26. Die Hügelgrab-Jenseitsgöttin Hel
27. Die Meeres-Jenseitsgöttin Ran
28. Die unbekannteren Jenseitsgöttinnen
29. Die unbekannteren Göttinnen
30. Die Nornen
31. Die Walküren
32. Die Zwerge
33. Der Urriese Ymir
34. Die Riesen
35. Die Riesinnen
36. Mythologische Wesen
37. Mythologische Priester und Priesterinnen
38. Sigurd/Siegfried
39. Helden und Göttersöhne
40. Die Symbolik der Vögel und Insekten
41. Die Symbolik der Schlangen, Drachen und Ungeheuer
42.a Die Symbolik der Herdentiere I
42.b Die Symbolik der Herdentiere II
43. Die Symbolik der Raubtiere
44. Die Symbolik der Wassertiere und sonstigen Tiere
45. Die Symbolik der Pflanzen
46. Die Symbolik der Farben
47. Die Symbolik der Zahlen
48. Die Symbolik von Sonne, Mond und Sternen
49.a Das Jenseits I – Das Hügelgrab
49.b Das Jenseits II – Der Jenseitsweg
50. Seelenvogel, Utiseta und Einweihung
51. Wiederzeugung und Wiedergeburt
52. Elemente der Kosmologie
53. Der Weltenbaum
54. Die Symbolik der Himmelsrichtungen und der Jahreszeiten
55.a Mythologische Motive I
55.b Mythologische Motive II
56. Der Tempel
57. Die Einrichtung des Tempels
58. Priesterin – Seherin – Zauberin – Hexe
59. Priester – Seher – Zauberer
60. Rituelle Kleidung und Schmuck
61. Skalden und Skaldinnen
62 Kriegerinnen und Ekstase-Krieger
63. Die Symbolik der Körperteile
64.a Magie und Ritual I
64.b Magie und Ritual II
64.c Magie und Ritual III
65. Gestaltwandlungen
66.a Magische Angriffs-Waffen
66.b Magische Verteidigungs-Waffen
67. Magische Werkzeuge und Gegenstände
68. Zaubersprüche
69. Göttermet
70. Zaubertränke
71. Träume, Omen und Orakel
72. Runen
73. Sozial-religiöse Rituale
74. Weisheiten und Sprichworte
75. Kenningar
76. Rätsel
77. Die vollständige Edda des Snorri Sturluson
78. Frühe Skaldenlieder
79.a Mythologische Sagas I
79.b Mythologische Sagas II
80. Hymnen an die germanischen Götter